Irmgard Grunwald
Gottes Gnadenkette
Entdeckungen im Alltag

Irmgard Grunwald

Gottes Gnadenkette

Entdeckungen im Alltag

Die Texte dieses Buches sind als Kolumne im christlichen Magazin Ethos erschienen. Dieses Magazin erscheint monatlich mit vielen illustrierten Berichten und Reportagen. Im Mittelpunkt steht immer die Gute Nachricht von Jesus Christus (www.ethos.ch).

Besuchen Sie die Website von Irmgard Grunwald:
www.irmgardgrunwald.com

Irmgard Grunwald
Gottes Gnadenkette
Entdeckungen im Alltag

Bestell-Nr. 271.147
ISBN 978-3-86353-147-8

Soweit nicht anders vermerkt, wurde die folgende Bibelübersetzung verwendet:
Revidierte Elberfelder Bibel © 1985/1991/2008 SCM R.Brockhaus im SCM-Verlag GmbH & Co. KG, Witten
Darüber hinaus wurden die folgenden Übersetzungen verwendet:
Bibeltext der Übersetzung von Schlachter
Copyright © 2000 Genfer Bibelgesellschaft (Schl)
Bibeltext der Neuen Genfer Übersetzung – Neues Testament und Psalmen, Copyright © 2011 Genfer Bibelgesellschaft (NGÜ)
Hoffnung für alle, © 1983, 1996, 2002 by Biblica Inc.TM; Übersetzung, Herausgeber und Verlag: Brunnen Verlag, Basel und Gießen (Hfa)
Die Bibel nach der Übersetzung Martin Luther in der revidierten Fassung von 1984. Durchgesehene Ausgabe in neuer Rechtschreibung. © 1999 Deutsche Bibelgesellschaft, Stuttgart (LÜ)

1. Auflage
© 2015 Christliche Verlagsgesellschaft Dillenburg
www.cv-dillenburg.de
Satz: Christliche Verlagsgesellschaft Dillenburg; M. Wäsch
Umschlaggestaltung: Christliche Verlagsgesellschaft Dillenburg
Umschlagmotiv: Shutterstock
Druck: GGP Media GmbH, Pößneck
Printed in Germany

Inhalt

Ein Gott, der heilt

Aufrüttelnde Ereignisse

Jesus war auf Reisen, und nun ist er wieder in Kapernaum. Man hat wundersame Dinge über diesen jungen Mann gehört, merkwürdige Gerüchte über kranke Menschen, die durch sein Eingreifen auf unerklärliche Weise plötzlich gesund wurden. Die Nachricht von seiner Rückkehr verbreitet sich wie ein Lauffeuer und die Leute strömen in Scharen zu ihm. Eigentlich wollte Jesus sich wohl ausruhen, weshalb hätte er sich sonst in dieser engen Behausung aufhalten sollen? Das normale Alltagsleben spielt sich schließlich im Allgemeinen draußen ab. Aber an Ruhe ist für Jesus im Moment nicht zu denken: Das Haus ist mehr als voll, es platzt aus allen Nähten; der Hauseingang ist völlig verstopft. Trotz der Menschenmenge herrscht atemlose Stille: Jesus predigt und keiner will etwas von seinen Worten verpassen. Doch vor der Tür gibt es auf einmal eine große Unruhe.

Vier Männer tragen einen fünften. Sie haben ihn auf seine Schlafmatte, eine stabile Decke, gelegt, die sie nun als Trage benutzen; jeder der vier hat einen Zipfel der Unterlage gepackt. Der Mann auf der Matte stöhnt leise. Er ist gelähmt, völlig hilflos. Ob er vielleicht einen schweren Unfall hatte? Er muss bewegungsunfähig alles mit sich geschehen lassen. Der Gelähmte muss zu Jesus gebracht werden, da ist man sich einig. Aber wie? Es gibt kein Durchkommen bei diesen Menschenmassen. *„Macht doch nicht so einen Aufruhr! Ihr hättet früher kommen müssen, jetzt ist alles voll."*

Früher? Der Transport eines erwachsenen Menschen, der in sämtlichen Alltagsdingen auf das Mitleid und die tatkräftige Hilfe seiner Angehörigen und Freunde angewiesen ist, dauert seine Zeit und ist außerdem kräftezehrend. Die Männer wischen sich den Schweiß von der Stirn.

Die Tür ist von zahllosen Neugierigen versperrt, da ist offensichtlich nichts zu machen. Also wieder nach Hause? Oder einfach abwarten, bis irgendwann die Predigt zu Ende und der Zugang wieder frei ist? Aber der Gelähmte braucht Hilfe – dringend, sofort! Wie soll er in diesem Zustand für seine Familie sorgen? Es geht ums schiere Überleben.

Vielleicht ist der unermüdliche Wanderprediger so schnell wieder weg, wie er gekommen ist! Es muss doch eine Möglichkeit geben, auf der Stelle zu Jesus vorzudringen.

Die Idee ist ungewöhnlich, aber genial: Wenn der ebenerdige Zugang zu Jesus unmöglich ist, dann bleibt noch der spektakuläre Weg durch die Luft. Das flache Dach ist über eine Außentreppe zu erreichen. Es besteht aus Holzbalken und gestampftem, getrocknetem Lehm. Man müsste an einer Stelle den Lehm zwischen den Balken herausbrechen, dann könnte man die Matte mit dem Gelähmten vorsichtig an Seilen herunterlassen – Jesus direkt vor die Füße.

Gesagt – getan!

Als Jesus ihren Glauben sah, sagte er zu dem Gelähmten: „Mein Sohn, deine Sünden sind dir vergeben!" Einige Schriftgelehrte, die dort saßen, lehnten sich innerlich dagegen auf. Wie kann dieser Mensch es wagen, so etwas zu sagen?, dachten sie. Das ist ja Gotteslästerung! Niemand kann Sünden vergeben außer Gott. Jesus hatte in seinem Geist sofort erkannt, was in ihnen vorging. „Warum gebt ihr solchen Gedanken Raum in euren Herzen?", fragte er sie. „Was ist leichter – zu dem Gelähmten zu sagen: ‚Deine Sünden sind dir vergeben' oder: ‚Steh auf, nimm deine Matte und geh umher!'? Doch ihr

sollt wissen, dass der Menschensohn die Vollmacht hat, hier auf der Erde Sünden zu vergeben." Und er wandte sich zu dem Gelähmten und sagte: „Ich befehle dir: Steh auf, nimm deine Matte und geh nach Hause!" Da stand der Mann auf, nahm seine Matte und ging vor den Augen der ganzen Menge hinaus. Alle waren außer sich vor Staunen; sie priesen Gott und sagten: „So etwas haben wir noch nie erlebt."
Markus 2,5–12; NGÜ

Ein unerklärliches Geschehen

Das ist ein wahres Wunder – ein Mensch, dessen Nervenfasern und Muskeln durch Krankheit oder Unfall funktionslos waren, kann sich plötzlich wieder ohne Beeinträchtigung bewegen. Er kann aufstehen. Dieser komplexe Bewegungsablauf, der zuvor durch Lähmungen unmöglich war, funktioniert wieder ohne Einschränkungen. Er kann sich bücken, ohne sofort das Gleichgewicht zu verlieren und wieder zu Boden zu fallen. Er kann die Schwerkraft durch seine neu gewonnene Muskelkraft überwinden. Er kann einen großen Gegenstand mit seinen Händen packen, sich wieder aufrichten, die Schlafmatte zusammenwickeln und mit seinen Armen tragen. Die Bewegungen verlaufen koordiniert und wie selbstverständlich. Der Kraftaufwand ist der Aufgabe angemessen und relativ gering. Er kann gehen – ohne Stütze und ohne Hilfe. Seine Nerven und Muskeln gehorchen den Impulsen aus dem Gehirn, die Reizweiterleitung erfolgt ohne Störung oder Verzögerung.

„So etwas haben wir noch nie erlebt", bezeugen alle, die es gesehen haben, völlig fassungslos. „Es ist ein Wunder!"

Was macht ein Ereignis zum Wunder? Nach einer allgemeinen Definition ist ein Wunder ein unerwartetes und nicht erklärbares Phänomen, das den Naturgesetzen und aller menschlichen Erfahrung zuwiderläuft. Die natürliche Reaktion auf ein solches Erlebnis ist Verblüffung, aber auch manchmal Angst. Man fürchtet sich aufgrund der Unberechenbarkeit der Ereignisse. Man hat den Eindruck, man könne sich nicht mehr auf seine Sinne und seine Erfahrungen verlassen, man ist gänzlich verunsichert.

Ein Zauberkünstler legt es in seiner Show darauf an, eine solche Verunsicherung bei seinem Publikum hervorzurufen. Wenn ein Illusionist auf der Bühne scheinbar eine Person verschwinden lässt, schwere Gegenstände zum Schweben bringt, seine Assistentin in zwei Teile sägt ..., dann ist die Reaktion der Zuschauer ein ungläubiges Staunen: „Das *kann doch nicht sein, dass plötzlich Naturgesetze außer Kraft gesetzt werden!"* Jeder gute Illusionist gibt zu, dass es sich um Tricks und Täuschungen handelt, dass viel Fingerfertigkeit und noch mehr ausdauernde Übung dazugehören, um die Illusionen der Zaubershow so täuschend echt aussehen zu lassen. Doch eines ist ganz klar und eindeutig: Es handelt sich niemals um Wunder!

Bei den Berichten in der Bibel werden keine Illusionen beschrieben, sondern die Realität. Gott arbeitet nicht mit Taschenspielertricks, sondern er setzt bei einem Wunder Naturgesetze tatsächlich zeitweise außer Kraft! Auf diese Weise ersetzt er zum Beispiel bei einer wundersamen Spontanheilung geschädigtes Körpergewebe durch neue, perfekt funktionierende Zellen. Gott ist allmächtig – er hat den Himmel und die Erde aus dem Nichts erschaffen. Er hat sogar die Naturgesetze ins Dasein gerufen, so dass es für uns Menschen möglich ist, Gesetzmäßigkeiten zu erkennen und uns auf natürliche Gegebenheiten einzustellen. Wir wissen einfach (aus millionenfacher Erfahrung), dass ein Apfel vom Baum immer nach unten auf den Boden fällt; Isaac Newton hat lediglich das Naturgesetz dahinter entschlüsselt. Das Gesetz der Schwerkraft ist für uns etwas ganz Natürliches – doch diese Unterscheidung in natürliche und übernatürliche

Ereignisse ist nur menschlich gedacht, sie ignoriert das Wesen Gottes, der selbstverständlich über den von ihm geschaffenen Gesetzen steht.

Die Bibel berichtet von einigen Heilungswundern; sie begegnen uns vereinzelt im Alten Testament, die meisten findet man allerdings im Zusammenhang mit dem Wirken des Herrn Jesus Christus im Neuen Testament. Sind diese Heilungen natürlich oder übernatürlich? Das ist wohl eine Frage der Perspektive.

Die natürliche Ordnung, die Gott zu Beginn der Schöpfung festgelegt hat, ist uneingeschränkte Gesundheit für alle seine Geschöpfe. Doch diese natürliche Ordnung ist durch die Sünde zerstört worden, wie man in den ersten Kapiteln der Bibel nachlesen kann. Die Wiederherstellung der Gesundheit durch ein Heilungswunder stellt also im Grunde „nur" die natürliche Ordnung wieder her. Auf buchstäblich wunderbare Weise kann Gott in seiner Gnade und Allmacht die Sünde überwinden. Sämtliche in der Bibel überlieferten Wunder zeigen dementsprechend die Vollkommenheit Gottes, denn Vergebung der Sünden und Heilung von Krankheit sind ausschließlich durch die Kraft Gottes und den freiwilligen Opfertod des Herrn Jesus Christus möglich!

*Denn das Gesetz des Geistes des Lebens in Christus Jesus
hat dich frei gemacht von dem Gesetz der Sünde und des
Todes.*
Römer 8,2

Jesus ist Gottes Sohn, „eines Wesens mit dem Vater", deshalb sind Wunder für ihn absolut selbstverständlich. Für die Menschen ist jedes Wunder
des Herrn Jesus eine Offenbarung Gottes, ein deut-
liches Zeichen seiner göttlichen Legitimation. Man
könnte die Wunder quasi als Visitenkarte betrachten: Jesus, Gottes Sohn, Messias! Ähnlich drückt es
auch Petrus in seiner Pfingstpredigt aus:

*Männer von Israel, hört diese Worte: Jesus, den Nazoräer,
einen Mann, der von Gott euch gegenüber erwiesen wor-
den ist durch Machttaten und Wunder und Zeichen, die
Gott durch ihn in eurer Mitte tat, wie ihr selbst wisst (...).
Den hat Gott auferweckt (...).*
Apostelgeschichte 2,22.24a

Wunder fordern eine Glaubensentscheidung heraus;
diese ist unumgänglich für jeden, der ein Wunder
miterlebt. Entscheidet man sich, Gott zu vertrauen,
so erfolgt auf Glaube und Umkehr die Erlösung von
den Konsequenzen der Sünde, das ewige Leben. Der
Unglaube hingegen ignoriert das Angebot Gottes;

das Wunder hat keinerlei Auswirkungen für jemanden, der in der bloßen Zuschauerrolle verharrt. Ein Wunder zwingt den Menschen zu einer persönlichen Stellungnahme. Wunder führen dennoch erstaunlicherweise selten vom Unglauben zum Glauben, sie bestätigen allerdings dem Zögernden und dem bereits Gläubigen die Liebe und das Eingreifen Gottes.

Will Gott auch mich heilen?

Die biblischen Berichte von Heilungswundern haben für mich einen besonderen Reiz, seit ich selbst an einer „unheilbaren" und tödlichen Krankheit leide. Natürlich werde ich ab und zu gefragt, ob ich glaube, dass Gott auch mich heilen will.

Selbstverständlich kann Gott mich jederzeit heilen; das steht ganz außer Frage. Ich bin fest davon überzeugt, dass die Kraft Gottes heute noch dieselbe ist wie vor hunderten und tausenden von Jahren. Ich kenne sogar persönlich einen Menschen, der in einer schweren Krankheit von den besten ärztlichen Spezialisten als unheilbar zum Tod verurteilt „aufgegeben" wurde und der durch ein Wunder Gottes – medizinisch gänzlich unerklärbar – wieder vollständig gesund wurde. Gott kann heilen – zweifellos!

Ob er auch mich heilen wird, das weiß niemand. Doch ist die körperliche Heilung überhaupt das einzig entscheidende Ziel? Tausende und Abertausende von kranken Menschen lebten zurzeit des Herrn Jesus in Israel, doch nur ein Bruchteil von ihnen wurde tatsächlich geheilt. Biblische Berichte über Heilungen durch ein göttliches Wunder zeigen immer wieder, dass es dabei nicht ausschließlich um (körperliche) Erleichterung für Kranke und leidende Menschen ging, sondern dass immer ein bestimmter Gedanke im Vordergrund stand: Das Wunder ist ein Zeichen für die Göttlichkeit des Herrn Jesus Christus, der den Menschen „ganzheitlich" heilen will und kann.

Vergebung und Heilung

Wenn ich die Geschichte des Gelähmten mit seinen vier Freunden lese, dann bleibt es nicht aus, dass ich mich mit ihm identifiziere.

Und sie kommen zu ihm und bringen einen Gelähmten, von vieren getragen. (...) Und (sie) lassen (...) das Bett hinab, auf dem der Gelähmte lag.
Markus 2,3–4

Allein die Vorstellung, wie sich der gelähmte Mann bei dieser Aktion gefühlt haben muss, jagt mir einen kalten Schauder über den Rücken. Wie gut kenne ich das Gefühl, buchstäblich „in den Seilen zu hängen"! Auch ich bin seit vielen Jahren gelähmt, abhängig von fremder Hilfe, von Menschen und Maschinen. Mehrmals täglich hänge ich in einem sogenannten Patientenlifter „zwischen Himmel und Erde", habe keinerlei Kontrolle über das, was mit mir geschieht, muss einfach vertrauen, dass ich sicher von der einen in der anderen Sitzgelegenheit lande. Ich vertraue den Pflegekräften, ich vertraue der Technik – doch gegen die allgegenwärtige Angst vor einem Sturz hilft nur das Vertrauen, dass Gottes Engel mich halten und auffangen.

Der Gelähmte im Markusevangelium landet geradewegs vor den Füßen des Herrn Jesus; einen besseren Landeplatz kann ich mir nicht vorstellen. Die vier Freunde haben ihren leidenden Gefährten damit genau an die richtige Adresse gebracht.

Wie viele „Freunde" – Angehörige und Geschwister – habe ich, die mich regelmäßig, manche sogar täglich, im Gebet Jesus vor die Füße legen. Ich betrachte diese liebevolle Fürsorge vieler Menschen als unfassbares Vorrecht. Wenn ich selbst manchmal nicht mehr beten kann, wenn meine Last mir zu schwer wird, dann weiß ich doch: Ich habe Geschwister, die mich im Gebet vor den Thron des allmächtigen Gottes bringen. Diese Gebete lässt mein wunderbarer Herr und Gott nicht unbeantwortet!

Kind, deine Sünden sind vergeben.
Markus 2,5

Verwundert Sie diese Reaktion des Herrn Jesus? Das ging den Zuschauern vermutlich nicht anders. Welche Gedanken schießen wohl den Zeugen dieser Begegnung durch den Kopf?

„Er muss doch wissen, dass die Leute nicht all diese Mühe auf sich genommen haben, damit Jesus ein paar tröstende Worte sagt – nein, der Mann muss gesund werden. Er muss gehen und stehen, zupacken und arbeiten können. Er, der jetzt eine Last für seine Angehörigen ist, muss wieder imstande sein, seine Frau und seine Kinder selbst zu versorgen. Ist nicht schon die ganze Familie der Verzweiflung nahe? Das muss Jesus doch wissen – schließlich ist er der Einzige, der in dieser Situation noch helfen kann. Hat er nicht seine Wunderkraft schon ein paar Mal demonstriert? Wir wollen auch ein Wunder sehen!"

Ja, Jesus weiß ganz genau, was die Leute wollen. Aber er weiß noch viel besser, was sie wirklich brauchen. Die Wiederherstellung der Gesundheit ist gut und wichtig, doch noch viel besser und wichtiger ist es, die durch Sünde zerstörte Gemeinschaft mit Gott wiederherzustellen – durch die Vergebung. Jesus setzt Prioritäten. Welchen Nutzen hat ein gesunder Körper für einen Menschen, der mit Gott unversöhnt in die Ewigkeit geht – in die ewige Trennung von Gott. Wie viel wertvoller ist es hingegen, die Vergebung anzunehmen und dadurch das ewige Leben in ungetrübter Gemeinschaft mit Gott, dem Herrn, zu verbringen – und (spätestens in der Ewigkeit) zusätzlich mit einem neuen gesunden und vollkommenen Körper ausgestattet zu werden: einem Auferstehungskörper.

Doch die Ewigkeit ist so weit weg ... Hier und jetzt liegt ein hilfloser Mensch auf seiner Matte, auf dem Boden, vor den Füßen von Jesus. Er blickt zu ihm auf und kann kaum fassen, was er hört. Er hat sich große Hoffnungen gemacht, er hat enorme körperliche[1] und seelische Strapazen auf sich genommen. Er hat seine letzte Kraft investiert und hört nichts von Heilung – nichts, was seine grauenhafte Situation auf der Stelle umkrempeln könnte. *Vergebung – schön und gut, aber davon kann ich nicht wieder laufen.*

---

1 Für einen gelähmten Menschen kann es tatsächlich auch körperlich anstrengend sein, auf eine solche Weise transportiert zu werden – das weiß ich aus eigener Erfahrung.

Es saßen dort aber einige von den Schriftgelehrten und überlegten in ihren Herzen: Was redet dieser so? Er lästert. Wer kann Sünden vergeben außer einem, Gott?
Markus 2,6–7

Der Neue Bund beginnt erst mit dem Opfertod des Messias am Kreuz, deshalb fällt das Wirken des Herrn Jesus noch in die Heilsordnung des Alten Testaments. Und im Alten Bund gibt es für Vergebung ganz bestimmte, von Gott festgeschriebene „Spielregeln". Das weiß jeder Jude – und ganz besonders wissen es die Schriftgelehrten, die Zeugen der Predigt und des Wunders werden, das hier geschieht.

Vergebung – also die Versöhnung des Sünders mit Gott – geschah in der Zeit des Alten Testaments durch den stellvertretenden Tod eines Opfertieres; das Blut des Opfers bedeckt die Schuld des Sünders in den Augen Gottes. Eine andere Möglichkeit der Vergebung sehen die Schriften des Alten Bundes nicht vor.

Die Schriftgelehrten haben völlig recht, wenn sie davon überzeugt sind, dass Gott allein Sünden vergeben kann. Sie stehen damit auf dem Boden des Wortes Gottes. Doch ihre Schlussfolgerung ist falsch, weil sie in Jesus nicht den Messias, den Sohn Gottes, erkennen. Und genau das ist die Lektion, die jedermann bei diesem Ereignis lernen kann: *Jesus ist Gott.*

Und sogleich erkannte Jesus in seinem Geist, dass sie so bei sich überlegten, und spricht zu ihnen: Was überlegt ihr dies in euren Herzen? Was ist leichter? Zu dem Gelähmten zu sagen: Deine Sünden sind vergeben, oder zu sagen: Steh auf und nimm dein Bett auf und geh umher? Damit ihr aber wisst, dass der Sohn des Menschen Vollmacht hat, auf der Erde Sünden zu vergeben – spricht er zu dem Gelähmten: Ich sage dir, steh auf, nimm dein Bett auf und geh in dein Haus!
Markus 2,8–11

Jesus ist Gott. Er kennt die wahren Gedanken der Menschen, selbst wenn sie nicht ausgesprochen werden. Er will sich als Gott zu erkennen geben, damit jeder Mensch an ihn, Jesus Christus, den Sohn Gottes, glauben kann. Er fordert die Zuschauer auf, mitzudenken und genau zu beobachten, so dass sie zu einer eigenen inneren Überzeugung kommen können.

Es wird so viel geredet ... aber weiß man denn, ob das stimmt? Vergebung kann man nicht sehen. Jesus kennt das misstrauische menschliche Herz. Er will es den Leuten in diesem engen Haus in Kapernaum so einfach wie nur möglich machen; er will ihnen handfeste Beweise vor Augen führen. Die hartnäckigen

Freunde des gelähmten Mannes bieten die perfekte Steilvorlage. Jesus verknüpft die (unsichtbare) Vergebung mit der (sichtbaren) Heilung.

Ich sage dir, steh auf, nimm dein Bett auf und geh in dein Haus! Und er stand auf, nahm sogleich das Bett auf und ging vor allen hinaus, so dass alle außer sich gerieten und Gott verherrlichten und sagten: Niemals haben wir so etwas gesehen!
Markus 2,11–12

Von solchen Worten träume ich. *Steh auf. Geh.* Welch eine Erleichterung! Welche lang entbehrte Leichtigkeit des Seins! Aufstehen, gehen – ganz allein, ohne Hilfe oder Einschränkung. Womöglich noch einfach atmen ... Ein ferner Traum. Nur würde ich nicht einfach „in mein Haus" gehen wollen. Zuerst würde ich ganz ausgelassen laufen und hüpfen, jubeln und singen. Eine große Party, ein rauschendes Fest, ein Interview nach dem anderen ...[2]

Über die Reaktion des geheilten Mannes wird nüchtern informiert; es gibt keine Bemerkung über seinen seelischen Zustand. Die Worte lesen sich wie der ärztliche Abschlussbericht in einer Krankenakte:

---

2   siehe Irmgard Grunwald, „Zarte Pflanze Hoffnung" (Boas Verlag 2012): Kurzgeschichte „Das Wunder"

Er nahm sofort seine Matte und ging hinaus. Ist der „Fall" damit erledigt? Nein, keineswegs: Die Zuschauer sind begeistert, sie sind fassungslos, außer sich vor Erstaunen, und in diesem Zustand tun sie das einzig Richtige: Sie verherrlichen Gott.

Das Wunder der Vergebung und das Wunder der Heilung – die Menschen haben zwei großartige Demonstrationen der Gottheit Jesu gesehen. Ob die Leute begriffen haben, dass dieser neue Wanderprediger Jesus aus Nazareth der Sohn Gottes und der lang erwartete Messias ist? Haben sie verstanden, dass Jesus uneingeschränkte göttliche Macht hat – sogar die Macht, Sünden zu vergeben? Jesus hat dem Gelähmten innere und äußere Heilung geschenkt. Haben die Leute wahrgenommen, dass dieses Heilungswunder ein Zeichen der Allmacht darstellt? *Ich bin der Herr, dein Gott.* – Nicht mehr und nicht weniger ist es, was Jesus durch die Heilung eines hilflosen Gelähmten ausdrückt.

Ich bin der Herr, der dich heilt.[3]

Gott hat mich – bis jetzt – nicht körperlich gesund gemacht. Ich bin meiner Krankheit nach wie vor

---

3 2. Mose 15,26c

ausgeliefert. Hat Gott also gar nicht heilend in mein Leben eingegriffen? Doch, ich bin davon überzeugt, dass er *der Herr, mein Arzt* (s. 2. Mose 15,26; LÜ) ist.

Der da vergibt alle deine Sünde, der da heilt alle deine Krankheiten.
Psalm 103,3

Gott hat alle meine Sünden vergeben, als ich mich zu ihm bekehrt habe. Sehr viele meiner körperlichen Krankheiten – von Erkältungen bis Masern – hat er im Laufe meines Lebens völlig unspektakulär geheilt. Im Allgemeinen spricht man dabei von den Selbstheilungskräften des Körpers oder der „Natur" – doch was ist das anderes als der geniale Reparaturmechanismus, den Gott seinen Geschöpfen mitgegeben hat?!

Dennoch ist die größte Wunderheilung in meinem Leben das Geschenk der Vergebung: die Heilung von den natürlichen Konsequenzen der Sünde. Ich habe Gott meine Sünden bekannt und er hat mir vergeben. Er hat meine Seele gesund gemacht, er schenkt mir ewiges Leben in seiner Gegenwart. Und allerspätestens dort, in der Ewigkeit bei ihm, werde ich vollkommen geheilt und gesund sein. Sind das nicht wunderbare Aussichten?

Ja, mein Gott ist ein Gott, der heilt.

Botschafter aus der Ferne

Meine erste Begegnung mit dem Meer hatte ich, als ich 14 war: Die Familie meiner französischen Austauschschülerin nahm mich mit zu einem winterlichen Tagesausflug an die Atlantikküste. Ich war völlig fasziniert. Vor allem begeisterten mich die Möwen mit ihren Flugkünsten im rauen Vorfrühlingswind und mit ihren unermüdlichen schrillen Schreien.

Seitdem habe ich an zahlreichen Stränden gestanden und unzählige Möwen beobachtet; zusammen mit der salzigen Seeluft waren sie für mich immer Botschafter von der unendlichen Weite des Ozeans.

Nun sitze ich an meinem Fenster und traue meinen Augen kaum: Ein großer Möwenschwarm fliegt über die Felder in meiner Nachbarschaft, kämpft spielerisch und lärmend mit den stürmischen

Frühlingsböen, genau wie damals am Meer. Aber ich wohne im Binnenland, Hunderte von Kilometern von der nächsten Küste entfernt. Der Anblick der Möwen, ihre lauten Rufe erinnern mich unmittelbar an den majestätischen Ozean – und damit an meinen Herrn und Gott, den allmächtigen Schöpfer, der dieses großartige Phänomen geschaffen hat.

Die Möwen erzählen mir vom Meer – obwohl ich es jetzt nicht sehen kann, obwohl ich weit weg vom Meeresstrand lebe. Doch diese Vögel sind für mich heute und hier Botschafter von der Realität des scheinbar unendlichen Ozeans.

Ein kleiner Gedanke flattert durch meinen Kopf, und etliche Menschen kommen mir in den Sinn, die – ähnlich wie die Möwen – als Botschafter von der Realität der unendlichen Gnade und Liebe Gottes unterwegs sind, auch und gerade dort, wo man sie nicht erwartet. In zahlreichen verschiedenen Gegenden dieser Welt leben Menschen als Missionare. Sie sind nicht aus Abenteuerlust ausgereist und auch nicht, um ihre Kultur oder eine Religion zu verbreiten, sondern sie haben nur den brennenden Wunsch, die beste Botschaft der Welt weiterzugeben: Durch Jesus Christus kann jeder Mensch mit Gott versöhnt werden und das ewige Leben bekommen.

In vielen Gemeinden und Familien hängt eine Weltkarte, auf der bestimmte Orte markiert sind. In diesen Ländern arbeiten Missionare, die man persönlich kennt und die man mit Spenden und Gebet unterstützt. Sie leben weit weg von ihrer Heimat und erzählen den Einheimischen von dem lebendigen Gott, von dem viele noch nie gehört haben, und von seinem Sohn Jesus Christus.

Zum Beispiel Thailand: Sung-Won und Ulrike leben seit mehr als 20 Jahren in Nordthailand. Mittlerweile besteht ihre Hauptaufgabe darin, die einheimischen Christen zu unterstützen und zu schulen, damit sie in einer unbarmherzigen, buddhistisch geprägten Umgebung selbst Botschafter von der Liebe Gottes werden.

Zum Beispiel Papua-Neuguinea: Frank und Mirjam teilen ihr Leben mit einem kleinen Volk von Ureinwohnern. Die einfachen Lebensverhältnisse sind vollkommen anders als in der „westlichen Welt" – doch die Lebensfragen, Glück und Ängste, sind überall gleich. Durch die Botschaft von der Erlösung durch Jesus Christus löst sich die Furcht vor den bösen und unberechenbaren Geistern ihrer „Naturreligion" und die Menschen erleben Freude und Hoffnung.

Beten Sie doch mit für diese „Möwen Gottes": Sie stoßen als Botschafter vom „Meer seiner

Gnade" in Gebiete vor, die ohne Missionare so weit weg vom „lebendigen Wasser" wären! Oder sind Sie vielleicht selbst eine Möwe?!

„Geht hin in alle Welt ...!"

Ostern fällt aus!

E rwartungsfroh und gut gelaunt kommen wir am Ostersonntag zur Gemeinde. Doch schon im Eingangsbereich des großen Gewerbegebäudes, in dessen Untergeschoss sich unsere Gemeinde- räume befinden, kommt die große Ernüchterung: Der Aufzug ist kaputt! Und ohne Aufzug habe ich mit meinem schweren Elektrorollstuhl nicht die geringste Chance, den Höhenunterschied zu über- winden. Was nun? Es bleibt mir nichts anderes übrig, als im geräumigen Flur vor dem Aufzug zu warten – denn zumindest meine Familie kann und soll am Gottesdienst teilnehmen. Sie lassen mich zwar nicht gern allein zurück, aber in Anbetracht der Umstände gibt es keine andere Möglichkeit.

Findet Ostern für mich jetzt nicht statt? Traurig sitze ich im Flur, höre ganz entfernt die Gemeinde singen: „.... auferstanden ... Freude ... Jesus lebt!" Dann ist wieder Stille. Die Predigt hat begonnen.

Eine gute Stunde später machen sich die ersten Gottesdienstbesucher auf den Heimweg und begrüßen mich verwundert im Korridor. Ludmilla lächelt, legt ihre Hand auf meine Schulter und sagt: „Christos woskrjes!" Das ist der wunderbare traditionelle russische Ostergruß und bedeutet: „Christus ist auferstanden!" Die Antwort darauf lautet: „Waistinu woskrjes" – „Er ist wahrhaftig auferstanden!"

Plötzlich ist meine Traurigkeit verflogen, und die Tatsache der Auferstehung überwältigt mich aufs Neue. Ja, Jesus Christus ist auferstanden, ganz gleich, ob ich bei der Feier dabei sein kann oder nicht. Ostern ist nicht ausgefallen, Ostern findet auch für mich statt!

Ich erinnere mich an ein Osterfest in Japan vor vielen Jahren. In Japan gibt es nur eine verschwindend geringe Anzahl von Christen. Ich war am Ostersonntag zu Gast in einer kleinen christlichen Gemeinschaft und aus einem Impuls heraus stimmte ich vor dem offiziellen Gottesdienstbeginn laut einen alten deutschen Choral an: „Der Herr ist auferstanden, er ist wahrhaftig auferstanden! Halleluja!" Zwar verstand niemand den deutschen Text, doch die Osterbotschaft war trotzdem gegenwärtig: „Kirisuto-no fukkatsu-wa okonawareta!", rief man mir strahlend zu.

Überall auf der Welt, wo es Christen gibt, ist die Freude über die Auferstehung greifbar – doch im neu-heidnischen Westeuropa glaubt man nicht mehr an diesen Kernpunkt der biblischen Verkündigung. Selbst bei den verbliebenen Kirchenmitgliedern der beiden großen Konfessionen bekennen sich nur noch 35 bis 40 % zum Auferstehungsglauben. Ob kirchlich gebunden oder nicht: Man hat kein Interesse mehr an diesen Fragen. Ein „ewiges Leben", ein „Himmel" erscheint den meisten Menschen nicht mehr attraktiv, sondern nur noch langweilig. Und das Konzept „Hölle" wurde schon längst lächerlich gemacht und damit abgeschafft.

Doch ob man daran glaubt oder nicht – ob man sein Leben davon prägen lässt oder nicht: Die Auferstehung ist eine machtvolle Realität und der Dreh- und Angelpunkt des Lebens und Glaubens. Paulus bringt es in einem seiner Briefe deutlich auf den Punkt: „Und wenn Christus nicht auferstanden ist, ist es sinnlos, dass wir das Evangelium verkünden, und sinnlos, dass ihr daran glaubt. (...) Und wenn Christus nicht auferstanden ist, ist euer Glaube eine Illusion; die Schuld, die ihr durch eure Sünden auf euch geladen habt, liegt dann immer noch auf euch. (...) Doch es verhält sich ja ganz anders: Christus ist von den Toten auferstanden!" (1. Korinther 15,14.17.20; NGÜ)

Auferstehung ist nicht abhängig vom Glauben der Menschen. Auferstehung geschieht, auch wenn ich es nicht erfassen kann: Der Herr Jesus Christus ist auferstanden, und ich bin aufgrund seiner Verheißung davon überzeugt, dass ich ebenso auferstehen werde!

Selbst wenn der Aufzug kaputt war: Ostern ist nicht ausgefallen – weder für mich noch für irgendjemanden sonst. Jesus Christus spricht im Johannesevangelium auch mich ganz persönlich an (Johannes 11,25–26): „Ich bin die Auferstehung und das Leben; wer an mich glaubt, wird leben, auch wenn er gestorben ist; und jeder, der da lebt und an mich glaubt, wird nicht sterben in Ewigkeit. Glaubst du das?"

Unter dem Schirm

Im Urlaub haben wir das alte Städtchen Brügge in Belgien besucht. Allerdings war das Wetter äußerst wechselhaft. Als wir aus dem Auto stiegen, begrüßte uns freundlicher Sonnenschein, doch auf dem Weg vom Parkplatz zur Altstadt überraschte uns bereits der erste Regenschauer. Der kräftige Wind vom Meer blies zwar die Wolken schnell weiter und die Sonne kam wieder zum Vorschein, aber es dauerte nicht lange, bis die nächsten Tropfen vom Himmel fielen. Ständig mussten wir uns in aller Eile ein Dach über dem Kopf suchen. Glücklicherweise gibt es in Brügge viele interessante Dinge – Museen und Cafés – zu erkunden.

Nachdem wir einige Sehenswürdigkeiten besichtigt hatten, wollte ich als besonderes Geschenk für eine Freundin einige der weltbekannten belgischen Pralinen kaufen. Die Auslage in einem kleinen Spezialladen voller raffinierter Schokoladen gefiel mir besonders gut. Leider war vor der Ladentür eine Stufe. Mit meinem großen Elektrorollstuhl kam ich nicht hinein. Also suchte ich im Schaufenster die schönsten Leckereien aus und schickte meinen Mann in das überfüllte Geschäft. Ich selbst blieb auf dem schmalen Bürgersteig vor der Chocolaterie unter einer Markise stehen und betrachtete die scheinbar unendlichen Variationen verführerischer Naschereien. Plötzlich bemerkte ich, dass sich noch einige andere Passanten unter die Markise drängten: Schon wieder begann es zu regnen. Die Freude darüber, ein trockenes Plätzchen im Regen gefunden zu haben, währte allerdings nicht lange. Per Knopfdruck aus dem Inneren des Hauses wurde das Stoffdach aufgewickelt, und die kleine Pfütze, die sich oben schon gebildet hatte, durchnässte uns unerwartet, aber gründlich ...!

Man fühlt sich schutzlos, wenn das Dach über dem Kopf plötzlich verschwunden ist, und wie aus einem Reflex heraus schaut jeder nach oben.

Diesen „Reflex", diesen symbolischen Blick zum Himmel, beobachte ich auch häufig, wenn wieder neue Schreckensmeldungen verbreitet werden: Ob Naturkatastrophen oder furchtbare Unglücksfälle, ob Terroranschläge oder grauenhafte Familientragödien – immer wieder steht die Frage nach Gott im Raum. *Warum muss das geschehen? Kann Gott dieses*

unsagbare Leid nicht verhindern? Oder will er nicht? Wo
ist Gott, wenn man ihn mal braucht?

Menschen, die in ihrem üblichen Alltag mit Gott nichts anfangen können, setzen ihn nun auf die Anklagebank. Wenn es ihn gibt, so wird argumentiert, dann muss er sich auch um die Menschen kümmern und sie beschützen. Man meint, er habe die Pflicht, seine Geschöpfe wie mit einem gigantischen Schirm vor allem Unheil zu bewahren. Er kann doch nicht einfach den Schirm zuklappen?!

Aus meiner eigenen Erfahrung mit meinem Herrn kann ich sagen: Die Geborgenheit bei Gott ist tatsächlich wie ein Regenschirm. Doch wer unter seinem Schutz und Schirm bleiben will, muss ganz nah bei ihm sein. Gott zwingt keinen in seine Nähe – eine Beziehung zum Herrn ist immer freiwillig.

In Psalm 91,1 heißt es: „Wer im Schutz des Höchsten wohnt, bleibt im Schatten des Allmächtigen." Das hebräische Wort, das einige Bibelübersetzungen mit „Schirm" wiedergeben, bedeutet eigentlich: verborgen und beschützt sein. Gott hüllt mich sozusagen ein: Wer mir irgendetwas Böses antun will, der muss zuerst an Gott vorbei!

Was mir dabei besonders gut gefällt, das ist die Tuchfühlung zu Gott, die dieser Bibelvers widerspiegelt. Wenn ich unter dem Schirm Gottes sitze und seinen Schutz genieße, dann bin ich ihm besonders nah und kann jederzeit mit ihm sprechen. „Ich sage zum HERRN: Meine Zuflucht und meine Burg, mein Gott, ich vertraue auf ihn!" (Vers 2)

Auch wenn um mich herum Stürme toben, wenn Dinge geschehen, die mich erschrecken oder die mir nicht gefallen – mit dem stärksten „Verbündeten", dem Herrn des Universums, an meiner Seite kann mir niemals plötzlich das Dach über dem Kopf fehlen; er wird mich nie schutzlos zurücklassen. Das Wort Gottes verspricht jedem seiner Kinder: „Mit seinen Schwingen deckt er dich, und du findest Zuflucht unter seinen Flügeln. Schild und Schutzwehr ist seine Treue" (Psalm 91,4).

... und welches Hobby haben Sie?

Andi ist Mitglied im Kaninchenzuchtverein. Schon als Kind hatte er eine Vorliebe für die Nagetiere mit dem weichen Fell. Der Umgang mit den Kaninchen war ihm vertraut, denn bereits sein Vater hatte einen kleinen Bestand an Zuchttieren und engagierte sich im Verein. Als Jugendlicher hatte Andi zwar eine Menge anderer Dinge im Kopf, doch später übernahm er die Zucht seines Vaters. Inzwischen ist Andi nicht nur einfaches Mitglied, sondern sogar stellvertretender Vorsitzender des Vereins für Kaninchenzucht – eine zeitaufwändige Aufgabe. Da sind die regelmäßigen Vereinssitzungen, außerdem gibt es verschiedene Zuchtschauen zu organisieren, und die Geselligkeit soll selbstverständlich nicht zu kurz kommen. Seine eigenen Zuchttiere zu Hause muss er natürlich auch sorgfältig pflegen.

Andis Frau kümmert sich mittlerweile um die Jugendgruppe des Kaninchenzuchtvereins, die

Jungzüchter. Auf der letzten Kreis-Kaninchenschau haben sie einige Preise gewonnen. Es vergeht kein Tag, an dem Andi sich nicht seinem zeitaufwändigen Hobby widmet. Aber er tut es gern – die Beschäftigung mit den Kaninchen und mit den Vereinsangelegenheiten hat in seinem Leben einen hohen Stellenwert.

Kürzlich wurde Andi von einem Nachbarn zum Gästegottesdienst in eine christliche Gemeinde eingeladen. „Komm doch einfach mal mit", sagte der Nachbar. „Das Thema lautet: ‚Die wichtigste Frage'. Es geht in erster Linie um den Sinn und das Ziel unseres Lebens." Andi lächelte freundlich und dankte für die Einladung. „Es ist nett, dass du an mich denkst, aber ich habe schon ein Hobby; ich habe echt keine Zeit für ein weiteres Hobby. Apropos: Nächste Woche ist unser jährlicher Kaninchenball mit Tanz und Tombola. Hast du nicht Lust zu kommen?"

So wie Andi geht es vielen Menschen heutzutage. Sie haben ein ausgefülltes Leben, ein Hobby, in dem sie ganz aufgehen, und sie sind damit sehr zufrieden. Meinen Glauben an Jesus Christus, mein Engagement in der christlichen Gemeinde betrachten sie wohlwollend, aber uninteressiert. „Du interessierst dich nicht für *mein* Hobby und ich interessiere mich nicht für *dein* Hobby. Aber wir wollen uns doch nicht gegenseitig den Spaß verderben, oder?", sagt Andi. Aus seiner Perspektive hat er völlig recht. Ich mag die niedlichen Stallhasen, aber ich interessiere mich tatsächlich nicht für vereinsmäßige Kaninchenzucht. Ich kann nicht nachvollziehen, dass man so viel Zeit, Geld und Energie in diesen Zeitvertreib investiert. Und genauso geht es Andi auch: Er hat nichts gegen Gott, er findet meinen Glauben an Jesus Christus in Ordnung, aber er kann nicht begreifen, warum man so viel Zeit, Geld und Energie dafür aufwendet. Andi hat einfach andere Interessen.

Als Christen fällt es uns oft schwer zu sehen, dass Freunde, Nachbarn, Arbeitskollegen oder Verwandte sich für Jesus Christus, den Mittelpunkt unseres eigenen Lebens, anscheinend überhaupt nicht interessieren. Die Menschen haben nichts gegen Gott, sie zweifeln nicht an Gott, sie schimpfen nicht auf Gott. Als Christen möchten wir aus der Bibel Antworten auf existenzielle Fragen geben: Wo komme ich her? Wo gehe ich hin? Wie kann ich Vergebung für meine Schuld erhalten? Wie komme ich zu Gott? Doch oft geben wir Antworten auf Fragen, die niemand mehr stellt. Das Desinteresse an Gott, die Gleichgültigkeit dem Glauben gegenüber scheint in unserem satten Westen langsam zum größten Hindernis für die Evangelisation zu werden. Wie können wir die Menschen aufrütteln? Es geht schließlich um ihr Schicksal in der Ewigkeit!

Die Antwort ist enttäuschend: Wir Christen können unsere Mitmenschen kaum aufrütteln. Selbstverständlich können wir sie einladen, wir können und sollen mit ihnen im Gespräch bleiben. Aber Gleichgültigkeit und Desinteresse überwinden, das kann nur einer: Gott selbst! Und wie soll das gehen? „Nicht durch Macht und nicht durch *(menschliche)* Kraft, sondern durch meinen Geist!, spricht der HERR" (Sacharja 4,6; Schl 2000).

Der Geist Gottes hat auch mich einmal auf die wichtigsten Fragen des Lebens aufmerksam gemacht – und er hat mir die Antworten ins Herz gebrannt. Deshalb kann ich jetzt mein Leben mit Jesus Christus als stille Demonstration und als Einladung leben: Christsein ist weitaus mehr als ein Hobby. Der Sohn Gottes selbst ist der Weg, der zum ewigen Leben führt.

Vorurteile!

H aben Sie Vorurteile? Nein, natürlich nicht! Vorurteile haben immer nur die anderen ...

Vor vielen Jahren – unsere Kinder waren noch klein – verbrachten wir einen vergnügten Nachmittag im Schwimmbad. Vom Kinderbecken aus lag der Sprungturm direkt in meinem Blick. Amüsiert beobachtete ich eine Gruppe Jugendlicher, die sich betont mutig gemeinsam auf das 5-Meter-Brett wagten. Nun standen sie oben, fünf oder sechs Jungs, hielten sich am Geländer fest und spähten so cool wie möglich in die Tiefe. Man sah sie miteinander diskutieren. Doch dann deutete einer auf die Leiter und die ganze Meute begann lauthals zu lachen. Aus der Entfernung musste auch ich grinsen: Eine sehr stämmige grauhaarige Frau, offenbar schon längst im Rentenalter, stieg bedächtig die Stufen hoch. Ob die alte Dame sich wohl geirrt hatte?

Die Jungen lachten noch, als die Rentnerin oben ankam, und sie imitierten ihren Gang, als sie ungerührt zum vorderen Ende des Sprungbretts ging. Dann blickte sie nach unten, konzentrierte sich – und sprang mit einem vollendeten und trotz ihrer Körperfülle eleganten Kopfsprung fünf Meter in die Tiefe! Ich war genauso verblüfft wie die Jugendlichen oben auf dem Sprungturm. Das hatte niemand erwartet!

Warum eigentlich nicht?

Vorurteile sind ein seltsames Phänomen. Nicht die objektive Wahrnehmung prägt meine Gedanken, sondern ganz im Gegenteil: Eine gewisse Erwartung und eine vorgefasste Meinung bestimmen meine Wahrnehmung. Anscheinend ganz automatisch hat man das Vorurteil im Kopf: „Es weiß doch jeder ... eine Frau, noch dazu eine ältere und nicht gerade schlanke Person, wird nie und nimmer vom 5-Meter-Brett springen!"

Das Beste an Vorurteilen ist eigentlich, dass man sich immer wieder von der Realität überraschen lassen kann. Auf diese Weise können meine Vorurteile glücklicherweise auch abgebaut werden.

Und wenn man mir selbst mit Vorurteilen begegnet? Ich erlebe es immer wieder. Wenn ich mit meinem Elektrorollstuhl unterwegs bin, das Gesicht halb verdeckt von der Atemmaske, werde ich neugierig, ängstlich oder verunsichert betrachtet, und fast immer ist eine große Portion Mitleid dabei. Doch sobald ich in ein Café oder einen Laden komme, passiert häufig das Gleiche: Nicht ich selbst, sondern meine Begleitung wird begrüßt und nach ihren Wünschen gefragt. Denn wer im Rollstuhl sitzt und beatmet wird, der hat wohl keine eigenen Vorstellungen mehr. Oder?

Das Vorurteil bricht glücklicherweise sofort in sich zusammen, wenn ich mich selbst zu Wort melde.

Es gibt wohl keinen einzigen Menschen auf der Welt, der keine Vorurteile hätte. Wie sollte das auch gehen? Menschen sind schließlich nicht vollkommen und wissen nicht alles, können nicht alle Faktoren in ihre Überlegungen mit einbeziehen und urteilen selten völlig objektiv. Wir leben alle mit mehr oder weniger vorgefassten Meinungen. Aussehen, Herkunft, Sprache, Kleidung – diese äußerlichen, wahrnehmbaren Merkmale bewirken, dass man einen bislang unbekannten Menschen unwillkürlich in eine gedankliche Schublade steckt und anschließend das eigene Verhalten daran orientiert.

Einzig und allein der allwissende und allmächtige Gott hat keine Vorurteile! Vor Gott ist „kein Ansehen der Person" (Römer 2,11); er beurteilt jedes

43

einzelne seiner geliebten Geschöpfe objektiv, absolut richtig und gerecht. Kein Mensch kann Gott etwas vorspielen. „Der Mensch sieht auf das, was vor Augen ist, aber der HERR sieht auf das Herz" (1. Samuel 16,7). Gott hat keine vorgefasste Meinung über mich, Gott nimmt nicht nur die Äußerlichkeiten wahr. Gott kennt mich durch und durch, immer und überall – auch die grauen und schwarzen Stellen meiner Seele, von denen kein Mensch weiß.

Das ist wohl das größte Wunder meines Herrn und Gottes: Er ist vorurteilsfrei und liebt mich trotzdem!

Frosch auf Stelzen

Auf meiner Fensterbank sitzt ein Frosch, ein dicker grüner Frosch. Er stiert mich gutmütig und ein wenig spöttisch an und die goldene Krone auf seinem Kopf funkelt. Vor einiger Zeit habe ich diesen Froschkönig aus Schokolade geschenkt bekommen, und seitdem habe ich schon viel von ihm gelernt ...

Eine märchenhafte Idee besagt: Küsse einen Frosch und du erhältst einen Prinzen. Ich kenne zwar niemanden, der dieser „Theorie" ernsthaft Glauben schenken würde, doch im Alltag verhalten sich nicht wenige Menschen genau so.

Ich persönlich kenne jedenfalls diese Haltung nur allzu gut: Ich möchte gern etwas haben – es muss ja nicht unbedingt ein Prinz sein ... – aber ich möchte mich nicht dafür anstrengen müssen. Ein einfacher Kuss sollte reichen. Und besser noch wäre es, wenn man sich dafür noch nicht einmal bücken müsste. Ich wünsche mir einen Frosch auf Stelzen, direkt auf „Kusshöhe"!

Allüberall wird es uns eingeredet und vorgemacht, dass man bequem und vor allem schnell zum Erfolg kommen muss. Stundenlang ein aufwändiges Essen zubereiten? Das haben wir nicht mehr nötig: ein Griff in die Tiefkühltruhe, dann das Fertiggericht in die Mikrowelle – in spätestens zehn Minuten muss alles fertig sein.

Unser tägliches Leben ist so „einfach" geworden. Sogar Informationen aus allen nur vorstellbaren Wissensgebieten kann man dank Internet in Sekundenschnelle erhalten. Ich freue mich über die Möglichkeiten der modernen Technik, ganz ohne Zweifel, und ich nutze diese Angebote gern.

Aber in meinem Alltag mit Gott funktioniert diese „Schnell-und-bequem"-Methode überhaupt nicht. Da gibt es keine Mikrowelle und kein Internet und erst recht keinen Frosch als Wunscherfüller, weder mit noch ohne Stelzen. In meinem Glaubensleben muss ich mich doch selbst bemühen – auch wenn der Herr das meiste schon für mich erledigt hat. Der Apostel Petrus drückt das in seinem zweiten Brief sehr plastisch aus (2. Petrus 1,3–7): „In seiner göttlichen Macht hat Jesus uns alles geschenkt, was zu einem Leben in der Ehrfurcht vor ihm nötig ist. (...) Darum setzt alles daran, dass zu eurem Glauben Charakterfestigkeit hinzukommt und zur Charakterfestigkeit geistliche Erkenntnis, zur Erkenntnis Selbstbeherrschung, zur Selbstbeherrschung Standhaftigkeit, zur Standhaftigkeit Ehrfurcht vor Gott, zur Ehrfurcht vor Gott Liebe zu den Glaubensgeschwistern und darüber hinaus Liebe zu allen Menschen" (NGÜ).

Das hört sich nach Arbeit an, das geht nicht von heute auf morgen und auch nicht von selbst nebenbei. Charakterfestigkeit, Selbstbeherrschung, Standhaftigkeit ... um ein solches Wachstum im Glauben, diese sogenannte Heiligung, muss ich mich aktiv bemühen, es ist – im wahrsten Sinne des Wortes – mühsam.

Selbstverständlich könnte Gott meine Charakterschwächen auch „einfach so" ausmerzen, denn er ist allmächtig. Aber er tut es nicht – aus gutem Grund. Die Menschen, die er geschaffen hat und die er liebt, sollen – aus Liebe zu ihm – freiwillig und freudig an sich arbeiten, um dem Vorbild des Herrn Jesus Christus immer mehr zu entsprechen. Und das kann definitiv nicht jemand anders für mich erledigen, da ist mein eigenes Engagement gefragt.

Es gibt keinen schnellen und bequemen Weg ohne Anstrengung, die erwünschten Charakterzüge zu bekommen. Zumindest nicht bei mir; bei Ihnen ist das vielleicht anders ...

Aber eines erleichtert mich kolossal: Ganz gleich, wie dumm ich mich bei der „Heiligung" manchmal anstelle – mein Herr und Gott liebt mich, er nimmt mich so an, wie ich bin. Er weiß ja, dass er noch nicht ganz fertig ist mit mir. Gott hat allerdings eine gewisse Vorstellung davon, wie ich sein sollte, daraus macht die Bibel keinen Hehl. Glücklicherweise muss ich nicht so bleiben, wie ich bin!

Zugegeben: Einen Frosch küssen ist einfacher. Aber will ich das wirklich?!

Der große Irrtum

Nach landläufiger Sichtweise geht es mir nicht gerade gut. Ich sitze seit Jahren im Rollstuhl, ich bin bei jeder alltäglichen Kleinigkeit auf fremde Hilfe angewiesen, ohne künstliche Beatmung ist mein Körper nicht mehr lebensfähig. Ein einfaches Leben ist das zweifellos nicht. Eine solche Lebenssituation würde sich niemand aussuchen. Manche Leute versuchen allerdings, einen Sinn darin zu entdecken, um dieser schweren Bürde eine – wie auch immer geartete – Daseinsberechtigung zu verleihen. Aus diesem Gedankengang heraus habe ich schon mehrfach gehört: „Mit deiner Krankheit und all diesem geduldig ertragenen Leid hast du dir auf jeden Fall einen Platz im Himmel verdient!"

Dieser Einschätzung muss ich allerdings immer energisch widersprechen: Nein, auch mit dem größten Leid kann man sich den Himmel nicht „verdienen". Die Eintrittskarte für die ewige

Herrlichkeit gibt es ausschließlich als Geschenk, keiner hat einen Anspruch darauf – und mag er noch so schwer gelitten oder noch so anständig gelebt haben.

Meine Auffassung widerspricht offenbar dem „Gerechtigkeitsempfinden" vieler Menschen.

Vielleicht habe ich mich geirrt? Habe ich vielleicht das Wort Gottes völlig falsch verstanden? Vielleicht komme ich doch „garantiert" in den Himmel, weil die letzten Jahre meines Lebens so außerordentlich schwer sind? Nein, das muss ein Irrtum sein.

Irgendwie passen die Meinung der (religiösen) Allgemeinheit und die Aussagen der Bibel in dieser Frage einfach nicht zusammen! Wenn ich zwei gegensätzliche Informationen zum gleichen Sachverhalt bekomme, dann ist das zuerst einmal sehr verwirrend.

Vor einiger Zeit hielt ich einen Vortrag bei einem Frauenfrühstück. Während ich sprach, blickte ich immer wieder in die Runde, und dabei bemerkte ich, dass eine alte Dame am Tisch vorne rechts mich sehr skeptisch anschaute und immer wieder leicht den Kopf schüttelte. Das irritierte mich. Hatte ich etwas Falsches gesagt? Fand diese Frau meine Vergleiche vielleicht unpassend? Ich bemühte mich, in eine andere Richtung zu schauen.

Die Sache ließ mir allerdings keine Ruhe, und als der Vortrag zu Ende war, sprach ich die betagte Zuhörerin an. Daraufhin nahm sie den Kopfhörer ab, den sie schon während des gesamten Vortrags getragen hatte, sah mich recht streng an und sagte: „Liebes Kind, ich weiß nicht, wovon Sie gesprochen haben. Ich bin sehr schwerhörig und wollte Ihren Vortrag über den Kopfhörer verfolgen. Aber die Leute von der Technik haben wohl etwas verwechselt: Im Kopfhörer war eine Männerstimme und ich habe die Predigt vom vergangenen Sonntag gehört!"

Ähnlich verwirrend wie dieses Erlebnis für die alte Dame sind auch die Auffassungen darüber, wie ein Mensch tatsächlich in den Himmel kommt. „Lebe immer so anständig wie möglich, dann wird Gott schon nicht so kleinlich sein." – „Wer ein schweres Leben geduldig erträgt, der hat einen Platz im Himmel verdient."

Aber kann ich mich auf diese menschlichen Aussagen verlassen? Vielleicht sind diese Gedanken ja ein Irrtum, eine Verwechslung, so wie der falsche Text im Kopfhörer!

Im Hinblick auf meine ewige Zukunft muss ich mich entscheiden: Wem glaube ich denn nun?

Für mich persönlich habe ich entschieden, dass ich mich nicht an der Meinung von Menschen,

sondern nur an Gott selbst und an seinem festge-
schriebenen Wort, der Bibel, orientieren will. Die
verbindliche Aussage von Jesus Christus, dem Sohn
Gottes, lautet: „Wahrlich, wahrlich, ich sage euch:
Wer mein Wort hört und glaubt dem, der mich ge-
sandt hat, der hat ewiges Leben und kommt nicht
ins Gericht, sondern er ist aus dem Tod in das Leben übergegangen" (Johannes 5,24).

Nein, weder ein anständiges Leben noch ein geduldig ertragenes Leiden garantieren den Zutritt
zum Himmel. Die ewige Herrlichkeit bei Gott gibt
es ausschließlich als Gnadengeschenk. Gott bietet
Vergebung und ewiges Leben durch Jesus Christus
an. Wollen Sie dieses Geschenk demütig anneh-
men?

Die Glastür

Meine Nachbarin war noch immer ganz aufge-löst. „Stell dir vor, was mir passiert ist! Ich war mit meiner Freundin in diesem tollen neuen Café – nach dem Umbau ist es sehr nobel, schick und hoch-modern. Der Kaffee schmeckt super und sie haben auch eine riesige Auswahl an Kuchen und Torten. Aber ..." Meine Nachbarin stockte einen Moment und kicherte verlegen. Doch dann fasste sie sich ein Herz und erzählte mir die ganze Geschichte.

Bevor sie das Café verließen, wollten die bei-den Frauen noch kurz die Toilette aufsuchen. Auch dieser Bereich war sehr elegant gestaltet mit großzügigen Waschbecken, einer glänzenden Spie-gelwand und acht Toilettenkabinen an der gegen-überliegenden Seite. Zum größten Schrecken der Freundinnen waren die Türen zu den einzelnen Kabinen allerdings aus Glas – aus fleckenlosem, ab-solut durchsichtigem Glas!

Das Bedürfnis war zwar groß, doch die Verunsicherung war noch größer. Einem erwachsenen Menschen widerstrebt es normalerweise, bei intimen Verrichtungen beobachtet zu werden. Aber manche Dinge lassen sich nicht einfach aufschieben ... und schon gar nicht nach zwei großen Tassen Kaffee. In diesem Dilemma muss eine schnelle Entscheidung getroffen werden.

Die beiden Damen diskutieren verschiedene Hilfskonstruktionen. Die Tür mit einer Jacke verhängen? Nein, die Jacke ist zu kurz. Beim Kellner nach einer Decke fragen? Nein, das ist doch zu peinlich. Und wenn beide gleichzeitig gehen? Nein, da sind ja noch die Spiegel. Und was ist, wenn jetzt zufällig eine andere Frau hereinkommt? Mittlerweile wird das Problem immer dringender ...

Schließlich fasst sich eine der Freundinnen ein Herz. Sie betritt die letzte Kabine in der Reihe und bittet ihre Freundin, sich mit dem Rücken zu ihr und mit geschlossenen Augen – der Spiegel wegen – vor die durchsichtige Tür zu stellen und Wache zu halten. Anschließend könnten sie tauschen. Ja, das scheint die beste Lösung zu sein.

Die Frau schließt die Glastür hinter sich und verriegelt sie ganz automatisch, aus alter Gewohnheit. In diesem Moment wird das transparente Glas matt und undurchsichtig, ein perfekter Sichtschutz ...

Des Rätsels Lösung ist eine ausgeklügelte Technik mit der hochtrabenden Bezeichnung „Intelligentes Glas": Die Lichtdurchlässigkeit ändert sich durch eine geringe elektrische Spannung, ausgelöst durch die Verriegelung.

Als meine Nachbarin mir diese Geschichte erzählte, konnte ich mit ihr herzlich darüber lachen. Noch ein paar Stunden später grinste ich vergnügt bei dem Gedanken an diese skurrile Lage.

So gänzlich unbekannt kommt mir die Situation eigentlich gar nicht vor – obwohl ich persönlich noch nie eine solche Toilettentür zu Gesicht bekommen habe. Und die Schwierigkeiten, um die es ging, waren auch nicht annähernd so kurios und amüsant wie die Sache mit der Glastür.

Aber ich habe schon oft genug um die Lösung eines scheinbar unlösbaren Problems gekämpft, verschiedene Wege ausprobiert, Gott um Hilfe angefleht, keinen Ausweg gesehen ... und dann plötzlich, in der größten Bedrängnis, ergibt sich ganz unvorhergesehen ein „himmlischer" Weg aus der Notlage.

Haben Sie diese Erfahrung auch schon einmal gemacht?

Gottes Hilfe kommt nie zu spät – aber auch nicht so früh, wie ich es gerne hätte. Gottes Hilfe kommt nie zu spät – sie kommt aber immer rechtzeitig.

Gottes Hilfe kommt nie zu spät – wenn sie auch manchmal ganz anders aussieht, als ich sie mir vorgestellt habe.

Und immer kann man erst im Nachhinein sehen, wie und wo Gott eingegriffen hat. Glücklicherweise ist es ja nie zu spät, ihm dafür zu danken!

Sie kennen doch die „Telefonnummer Gottes"? Es ist die 5015: „Rufe mich an in der Not, so will ich dich erretten und du sollst mich preisen!" (Psalm 50,15; Lut)

Dieser „Anruf" ist immer kostenfrei und die Hotline ist ständig erreichbar – völlig ohne Warteschleife!

Drohung oder Warnung?

D er Dezember ist nicht einfach nur der letzte Monat des Jahres. Der Dezember hat eine ganz eigene Ausstrahlung.

Blumenläden und Gartencenter quellen über vor dekorierten Tannenzweigen mit Schleifen und Kerzen. Oft sind die Tannenzweige zum Kreis gebunden: ein klassischer Adventskranz. Vier Kerzen zeigen die Sonntage bis zum Weihnachtsfest an.

Adventskalender sind ebenfalls hoch im Kurs. Vom 1. Dezember an wird jeden Tag – je nach Art des Kalenders – ein Türchen geöffnet, ein kleines Geschenk ausgepackt oder ein Gedicht gelesen ... bis endlich Weihnachten ist!

Die ersten dreieinhalb Wochen im Dezember sind immer geprägt vom Warten auf das Weihnachtsfest: auf die Geschenke, auf die Familienfeier, auf das gute Essen – oder gehören Sie zu den wenigen Menschen in unserem Land, die in der Tat auf Jesus Christus warten?

Christen wissen, dass Jesus Christus nicht „alle Jahre wieder" als hilfloses Kind „zur Erde nieder" kommt, sondern dass er einmal sehr real wiederkommen wird – als Herr aller Herren und König aller Könige (Offenbarung 17,14). Bei der Wiederkunft des Herrn Jesus Christus wird sich endgültig zeigen, dass die gesamte Menschheit aus zwei Gruppen besteht: Menschen, die Gott vertrauen und mit ihm leben, und Menschen, in deren Leben kein Platz oder kein Interesse für Gott ist. Gott selbst und Gott allein beurteilt, wer in welche dieser beiden Kategorien gehört.

„Willst du mir etwa drohen, dass ich in die Hölle komme? Das Evangelium soll doch eine Frohe Botschaft und keine Drohbotschaft sein!" Dieser oft gehörte Einwand ist ein fatales Missverständnis. Nein, wir wollen als Christen nicht mit der Hölle drohen, ganz im Gegenteil: Wir wollen vor den schrecklichen Konsequenzen eines Lebens ohne Gott warnen!

Aber was ist nun der Unterschied zwischen einer Drohung und einer Warnung?

Ein Beispiel kann diesen Gegensatz illustrieren: Auf unserem Weg zur Gemeinde müssen wir über eine Autobahnbrücke fahren. Eines Tages verkündet ein großes Hinweisschild, dass die Brücke aufgrund schwerer Schäden abgerissen werden musste. Bis die neue Brücke fertiggestellt ist, ist die Autobahn komplett gesperrt und der Verkehr wird über die Landstraße umgeleitet. Kein Fahrzeug darf weiterfahren, das Verkehrsschild sagt unmissverständlich aus, dass die Fahrbahn unbefahrbar ist – denn an der Baustelle gähnt ein Abgrund.

Ist dieses Hinweisschild an der Autobahn nun eine Drohung oder eine Warnung? Vermutlich käme niemand auf den Gedanken, dass die Autobahnpolizei den Autofahrern mit dieser Mitteilung drohen oder Angst machen möchte. Jeder versteht sofort, dass dies eine notwendige Warnung vor einer ernsten Gefahr ist, die man ohne Frage spontan befolgt.

Ebenso wenig ist der Hinweis auf die Lehre der Bibel zur ewigen Existenz des Menschen eine Drohung. Das Wort Gottes macht allerdings an vielen verschiedenen Stellen klar, dass es nur ein „Entweder-Oder" gibt, zum Beispiel in Johannes 3,18: „Wer an ihn glaubt, wird nicht gerichtet; wer aber nicht glaubt, ist schon gerichtet, weil er nicht geglaubt hat an den Namen des eingeborenen Sohnes Gottes." Gott droht nicht mit der Hölle, aber er warnt eindringlich davor. Liebevoll wirbt er um jeden einzelnen Menschen. Jeder kann durch Jesus gerettet werden – wenn er ihn nur darum bittet!

Wenige Verse zuvor sagt die Heilige Schrift: „Denn so hat Gott die Welt geliebt, dass er seinen eingeborenen Sohn gab, damit jeder, der an ihn glaubt, nicht verloren geht, sondern ewiges Leben hat" (Johannes 3,16).

Dieser Sohn Gottes, Jesus Christus, dessen Geburt in menschlicher Gestalt man zu Weihnachten feiern kann, ist nicht das „süße Christkind" geblieben. Gut 30 Jahre später hat er durch seine freiwillig erlittene Hinrichtung den Weg frei gemacht zum ewigen Leben in der Herrlichkeit Gottes. Jedem Menschen steht es frei, dieses Geschenk der Gnade Gottes anzunehmen – aber Gott räumt jedem Menschen genauso das Recht ein, das Angebot auszuschlagen. Als Christ jedoch kann man nur davor warnen, denn die Straße ohne Gott führt definitiv in den Abgrund.

Ein verborgener Schatz

Ein schlichter Stein – grau, porös und unansehnlich. Ein Stein wie all die anderen, nichts Besonderes. Man würde den Stein achtlos liegen lassen, vielleicht mit dem Fuß zur Seite kicken. Doch jemand hat den Stein zerschlagen – er ist auseinandergebrochen und gibt den Blick in sein Inneres frei. Jetzt erst zeigt sich seine wahre Natur: Es ist eine Druse!

Welch ein wundersames Bild bietet sich dem Betrachter dar: Man sieht eine Schatzhöhle aus lauter Kristallen, die von der äußeren Schale des Steins nach innen „wachsen". Fast durchsichtige Quarzkristalle ragen wie winzige Schwerter aus der Gesteinsmasse, dazwischen sieht man einige geometrisch geformte Ablagerungen aus einem goldfarbenen Mineral: Pyrit. Was im Laufe der Zeit im Verborgenen entstanden ist, liegt nun offen. Fällt das Licht darauf, glitzern und funkeln die Kristalle.

Bewundernd kann man ein Bild von ästhetischer Schönheit betrachten, das Gott im Inneren eines einfachen Steins geschaffen hat.

Offen und in allen Details sichtbar wie eine geöffnete Druse liegt spätestens in der Silvesternacht das alte Jahr hinter mir. Ich danke meinem Herrn und Gott für die unzähligen guten und schönen Augenblicke der vergangenen 365 Tage, und zögernd wage ich, ihm auch für die schweren und anstrengenden Wegstrecken der letzten zwölf Monate zu danken, denn ich weiß, dass nichts seinem Willen entgleitet.

Der allmächtige Gott hat Vergangenheit, Gegenwart und Zukunft im Blick und für Gott sind alle für mich zukünftigen Ereignisse schon jetzt sichtbar (siehe Psalm 139,16). Doch ich bin am 1. Januar noch völlig ahnungslos, was das vor mir liegende Jahr bringen wird. Kalt, still und undurchdringlich verschlossen wie eine unversehrte Druse liegen die zukünftigen Tage vor mir.

Geht es Ihnen auch so wie mir? Zu Beginn eines neuen Jahres wüssten viele Menschen gern im Voraus, was die neue Zeit ihnen bringen wird, wie es „im Inneren" der neuen Tage, Wochen und Monate aussieht. Manche bedeutenden Ereignisse zeichnen sich vielleicht schon am Horizont ab: Hochzeitspläne, eine sich entwickelnde Schwangerschaft, ein

Umzug, eine neue Arbeitsstelle, der Eintritt ins Rentenalter ... In jeder Lebensphase werden Weichen gestellt.

Die meisten Tage des Jahres sind Routine, schlichter Alltag. Doch oft genug schlägt das Leben Kapriolen, unvorhergesehene Ereignisse werfen mich völlig aus der Bahn – das können schöne und freudige Überraschungen sein, aber auch tragische und erschreckende Erfahrungen. Ein gemächlich dahinfließendes Leben verwandelt sich plötzlich in strudelndes Wildwasser. Werde ich in nächster Zeit auf einen Wasserfall zutreiben?

Keiner von uns weiß, was das nächste Jahr, der nächste Monat, die nächste Stunde, die nächste Minute bringt. Diese allgemein menschliche Situation macht vielen Leuten Angst. Man ist verunsichert – denn man hat als Mensch so vieles einfach nicht in der Hand, wie sehr man sich auch um Sicherheit bemüht.

Wie gut habe ich es da als Christ, denn ich brauche nichts selbst in der Hand zu haben – im Gegenteil: Gott hält mein Leben, ja, mich selbst als sein geliebtes Kind, in seiner guten und allmächtigen Hand.

Zwei unerschütterliche Gewissheiten begleiten mich auf dem Weg durch meine Lebenszeit. Erstens: Mein liebender Herr hat den Überblick, und er hat alle Fäden in der Hand, was auch geschieht. Paulus schreibt im Römerbrief (Römer 8,28a): „Wir wissen aber, dass denen, die Gott lieben, alle Dinge zum Guten mitwirken."

Und zweitens: Jeder neue Tag, den Gott schenkt, bringt mich wieder ein Stück näher zu ihm, zum Leben in seiner ewigen Herrlichkeit. Das Leben auf dieser Erde kann schön sein, aber es ist auch an den herrlichsten Tagen nur wie eine ungeöffnete Druse: ein grauer Abklatsch dessen, was uns als Gottes Kinder in der Ewigkeit erwartet – wenn die Schale aufspringt!

Ein neues Jahr – und alles bleibt beim Alten. Ein Jahr wie all die anderen, nichts Besonderes. Oder vielleicht doch?! Ein Leben mit Gott ist ein reiches Leben – in jeder nur denkbaren Lebenssituation. Gehen Sie auf Schatzsuche und lassen Sie sich überraschen!

Zweifel

Seit vielen Jahren ist Jesus Christus der Mittelpunkt meines Lebens. Ich spreche von ihm, ich schreibe über ihn, ich mache im Allgemeinen keinen Hehl aus meinen Überzeugungen. Und selbstverständlich lebe ich auch, was ich glaube. Oder?

Mein Leben der körperlichen Hilflosigkeit bringt es mit sich, dass ich häufig auf jemanden oder etwas warten muss. In solchen kleinen Pausen im Alltag kann ich mich nicht einfach ablenken und kurz zu einem Buch oder einer Zeitschrift greifen, eine CD auflegen oder spontan jemanden anrufen. Jede dieser Aktionen müsste geplant und von einer Hilfskraft für mich ausgeführt werden – das ist der Untergang der Spontaneität. Also sitze ich am Fenster, schaue hinaus und lasse die Gedanken spazieren gehen. Daraus kann ein Gebet werden – aber bisweilen nehmen die Gedanken auch Reißaus.

Und dann kommen sie leise angekrochen, die Zweifel.

Und wenn das alles nur ein Irrtum ist? Wenn mein sogenannter Glaube nur eine Einbildung ist, vorgegaukelt von einem manipulierten Hirn? Vielleicht mache ich mir selbst etwas vor? Vielleicht versucht meine Psyche nur, durch den beruhigenden Glauben an Gott die Bürde meines Lebens erträglicher zu machen?

Ich sitze am Fenster und starre nach draußen. Kalter Nieselregen fällt aus dem bleigrauen Himmel. Die Blätter des letzten Sommers sind auf der Wiese zu nassen, verfaulenden Klumpen zusammengeballt. Auf dunkle Tage folgen schwarze Nächte. Kopf und Herz sind leer. Gott? Wer ist das?

Flutwellen des Zweifels überrollen mich im aufgewühlten Meer meiner trostlosen Gedanken.

Jona, der Prophet, kommt mir in den Sinn. Wie Jona will ich vor Gott davonlaufen, ihn nicht mehr wahrhaben. Sein Auftrag passt mir nicht mehr. Die Last, die er mir auflegt, scheint mir untragbar. Eher will ich trotzig und voller Selbstmitleid im Meer des Zweifels ertrinken, als mich der Realität Gottes neu zu stellen.

Wie Jona treibe ich hilflos in den salzigen Fluten. Ich weiß nicht mehr, wo oben und wo unten ist – ich habe völlig die Orientierung verloren.

Aber Gott, der allmächtige Schöpfer, mein liebender Herr und Heiland, lässt sich nicht einfach abschütteln. Er wirbt liebevoll weiterhin um mein Vertrauen.

Zwar werde ich nicht kurzerhand verschluckt und wieder ausgespuckt – wenn ich mich auch manchmal so fühle –, doch mein Herr und Gott fängt meine trostlosen Gedanken ein. Bruchstücke aus dem Wort Gottes blinken in meinem Kopf auf.

Nach einer schwer verständlichen Predigt des Herrn Jesus, die viele seiner Anhänger in Verwirrung und Zweifel stürzte, bekennt Simon Petrus: „Herr, zu wem sollten wir gehen? Du hast Worte ewigen Lebens; und wir haben geglaubt und erkannt, dass du der Heilige Gottes bist" (Johannes 6,68–69). Das trifft mich. Ja, zu wem sollte ich gehen? Alle meine Zweifel führen ins Nichts, doch der Glaube an Jesus führt mich zum ewigen Leben!

Mehr als einmal habe ich schon die Erfahrung gemacht, dass Gott Trauer, Frust und Zweifel ernst nimmt, dass er mich aber auch aus den tiefen Tälern meiner Missstimmung herausführt: „Nun hast du meine Trauer verwandelt in einen fröhlichen Tanz, mein Sackgewand entfernt und mich mit Freude umhüllt" (Psalm 30,12; NeÜ).

Letzten Endes freue ich mich über die Erfahrung des Zweifels, die mich nun im Nachhinein umso tiefer in die Liebe meines Herrn eintauchen lässt, und ich bete mit Paulus: „Gepriesen sei Gott, der Vater unseres Herrn Jesus Christus! Denn er ist ein Vater, der sich erbarmt, und ein Gott, der auf jede erdenkliche Weise tröstet und ermutigt. In allen unseren Nöten kommt er uns mit Trost und Ermutigung zu Hilfe, und deshalb können wir dann auch anderen Mut machen, die sich ebenfalls in irgendeiner Not befinden: Wir geben ihnen den Trost und die Ermutigung weiter, die wir selbst von Gott bekommen" (2. Korinther 1,3–4; NGÜ).

Die Tempelruine

Kürzlich flatterte mir wieder ein reich bebilderter Ferienprospekt ins Haus. „Auf den Spuren des Apostels Paulus" sollte die Reise hauptsächlich in die heutige Türkei gehen. Früher war ich gern und viel unterwegs, doch mittlerweile gehört das Reisen zu den vielen Dingen, die mir unmöglich geworden sind.

Wie gut, dass es Landkarten und Fotos gibt! So konnte ich zumindest einige der Ausflugsziele als Bilder betrachten.

Als Paulus in den 50er-Jahren des ersten nachchristlichen Jahrhunderts im Zuge seiner Missionsreisen die Stadt Ephesus besuchte, sah er auch dieses Wunderwerk der antiken Architektur: den heidnischen Artemistempel. Ephesus war damals eine pulsierende Großstadt – heute findet man nur noch einige Ruinen. Man kann kaum noch erahnen, welch einen großartigen Anblick das imposante Tempelgebäude – eines der sieben Weltwunder der Antike – damals geboten haben muss. Viel Fantasie ist nötig, um sich die antike Weltstadt mit ihren zahlreichen kunstvollen öffentlichen Gebäuden, den Badehäusern, dem gigantischen Amphitheater und der lebhaften multikulturellen Bevölkerung vorzustellen. Nur wenig davon ist erhalten geblieben: Es gibt in Ephesus keine menschliche Siedlung mehr; der so berühmte Tempel besteht nur noch aus ein paar Steinen und zerbröckelten Grundmauern. Eine einzige, aufrecht stehende Säule markiert auf dem von Unkraut überwucherten Trümmerfeld die Stelle, an der einst der Tempel stand.

Vielleicht hatte Paulus diesen prachtvollen Götzentempel in Ephesus vor Augen. Vermutlich dachte er aber eher an den Tempel Gottes in Jerusalem, als er von Ephesus aus in seinem ersten Brief an die junge Gemeinde die Christen in Korinth ermahnte:

Habt ihr denn vergessen, dass euer Körper ein Tempel des Heiligen Geistes ist? Der Geist, den Gott euch gegeben hat, wohnt in euch, und ihr gehört nicht mehr euch selbst.
1. Korinther 6,19; NGÜ

Der Tempel war erbaut worden als „Wohnung Gottes"; die harmonische Architektur und die kostbare Ausstattung spiegelten das Wesen und die Majestät Gottes wider. Auf gleiche Weise – schreibt Paulus – soll der Körper eines Christen als Wohnung des Heiligen Geistes etwas von der Herrlichkeit Gottes darstellen und nicht durch die Sünde Gottes Ehre in den Schmutz ziehen. Damals wie heute malt die Bibel mit diesem Vergleich ein einprägsames Bild.

Dennoch fällt es mir schwer, diese Gedanken zuzulassen. Mein Körper – ein Tempel des Heiligen Geistes?! Ernüchtert betrachte ich mich im Spiegel. Schlaffe, unbrauchbare Gliedmaßen, von Ödemen entstellt. Tiefe Druckstellen im Gesicht durch die Beatmungsmaske. Starke Einschränkungen in den einfachsten Lebensäußerungen. Ist dieser Körper noch ein „Tempel"? Lebe ich nicht vielmehr in einer Tempelruine?! So wie die großen Bauwerke der Antike verfallen sind, so empfinde ich auch meinen Körper: unbrauchbar geworden, ein jämmerlicher Anblick.

Aber kann es denn sein, dass die Bibelworte aus dem ersten Korintherbrief zwar für alle anderen Menschen gelten, nicht jedoch für mich? *Hast du, Irmgard, denn vergessen, dass auch dein kranker Körper ein Tempel des Heiligen Geistes ist? Der Geist, den Gott dir gegeben hat, wohnt immer noch in dir!*

Menschlich gesprochen kann ich mit meinem von Krankheit gezeichneten Körper die Herrlichkeit Gottes kaum noch widerspiegeln, doch immer noch ist er in den Augen Gottes ein äußerst wertvolles Gefäß, denn der Geist Gottes wohnt in mir.

Der Artemistempel in Ephesus wurde komplett zerstört – doch bei aller Pracht war er nur ein leeres Gebäude, niemand wohnte dort. Als er gewaltsam niedergerissen wurde, blieb nichts als Bauschutt übrig.

Den Körper eines Christen jedoch – auch wenn er durch Alter oder Krankheit schwer beeinträchtigt ist – bleibt nach wie vor der „Tempel", die Wohnung des Geistes Gottes, und auf seinem „Klingelschild" steht: *Diese Person ist Eigentum des allmächtigen Schöpfers. Sie hat das ewige Leben und wird nach dem Tod dieses Körpers in der Herrlichkeit Gottes weiterleben.*

Ob Prachtbau oder Ruine: Auf den Inhalt kommt es an!

Frühjahrsputz

Auf der großen alten Birke, die ich von meinem Fenster aus sehen kann, herrscht seit Tagen hektische Betriebsamkeit. Ein Elsternpaar ist emsig damit beschäftigt, das alte Nest vom Vorjahr für die neue Brut herzurichten. Die Vögel schleppen Zweige heran, vergrößern das Nest, verankern es noch fester in der Astgabel und begutachten es dabei immer wieder von allen Seiten. Einer der Altvögel hüpft von Zeit zu Zeit in die Nestmulde hinein und räumt auf: Dann fliegen kleine Ästchen oder alte Blätter heraus, um Platz zu machen für neues Polstermaterial. *Ein typischer Frühjahrsputz*, denke ich.

Vielen Menschen geht es ganz ähnlich wie den Elstern – im Frühling zeigt sich nicht nur überall in der Natur Aufbruchsstimmung. Ich selbst kenne auch – sehr zum Leidwesen meines Mannes – diesen unausweichlichen Drang, von Zeit zu Zeit das ganze Haus vom Keller bis zum Dachboden zu durchforsten und in allen Ecken und Winkeln zu stöbern.

Wie vieles gibt es bei einem solchen Frühjahrsputz mit großer Aufräumaktion zu entdecken! *Da ist ja noch diese große Tasse mit dem altmodischen Blumenmuster ... Sie hat zwar keinen Henkel mehr, dafür aber einen tiefen Sprung; benutzen kann man sie nicht mehr. Haben wir die nicht damals im Urlaub gekauft, in diesem kleinen Kramladen, und anschließend haben wir bei strömendem Regen in einem Café gesessen und Waffeln gegessen. – Weißt du noch?*

Manches Mal muss ich beim Aufräumen Altes und Liebgewordenes loslassen. Eine kaputte Tasse nimmt nur Platz weg; die Erinnerung im Kopf allerdings, die vom Anblick der Tasse ausgelöst wurde, die braucht keinen „Speicherplatz" in meinem Küchenschrank. Mit einem leichten Bedauern wandert das Gefäß in den Müll und eine neue „Lieblingstasse" kann den frei gewordenen Platz einnehmen. Auf diese Weise kann ich beim Frühjahrsputz in meinem Schrank und in meinem Leben Freiräume schaffen für Neues.

Was gibt es in jedem Haushalt nicht alles zu entdecken: Da sind kaputte Gegenstände, von denen man sich bisher noch nicht trennen mochte; da gibt es manche Sachen, die nie gebraucht wurden und trotzdem Platz beanspruchen; einige Dinge scheinen nur noch ein Speicher für Erinnerungen an frühere Lebensphasen zu sein. Soll ich sie besser wegwerfen oder lagere ich sie in meiner „Erinnerungskiste"? Das ist ein alter Pappkarton mit einigen ausgesuchten ganz persönlichen Erinnerungsstücken: mein Aufsatzheft aus dem zweiten Schuljahr; ein Topflappen, den ich mit viel Mühe und wenig Geschick einst für meine Mutter gehäkelt habe; Bilder, die meine Kinder für mich gemalt haben; ein Holzpapagei, der lange Zeit in unserer Küche hing …

Nur einmal in meinem Leben fiel mir das Loslassen beim Aufräumen extrem schwer.

Drei Jahre nach meiner ALS-Diagnose konnte ich weder gehen noch stehen und saß endgültig im Rollstuhl. Viele meiner geliebten „alten" Kleidungsstücke waren in dieser Situation unpraktikabel geworden; ich musste sie schweren Herzens aussortieren. Viel Wehmut kennzeichnete für mich den Beginn eines neuen Lebensabschnitts. Ich wusste ja: Nie wieder würde ich diese Sachen tragen können. Wie schmerzhaft kann es sein, das alte Leben loszulassen und in Gottes Hände zu geben – genau das aber gehört zu Gottes Plan für mich.

Jeder Mensch sammelt in seinem Leben viel Ballast an – nach biblischem Maßstab muss man diesen Ballast meist als Sünde bezeichnen. Kein Zweifel: Mein Leben muss von Zeit zu Zeit „ausgemistet" werden. Ich will die Sünden, auch die verborgenen in meinen Gedanken, aufspüren und in die Mülltonne Gottes werfen, indem ich um Vergebung bitte. Ich will viel Unnötiges, das meinen Kopf und mein Herz belastet, aussortieren und Platz schaffen für die guten Gedanken Gottes.

Ein gründlicher „Frühjahrsputz" bietet die besten Voraussetzungen dazu!

Die geklaute Waschmaschine

Ein sonniger Sonntagnachmittag. Tanja und Matthias sitzen in ihrer Wohnung im zweiten Stock, trinken eine Tasse Kaffee und schauen in den Innenhof hinunter, wo einige Kinder spielen. „Weißt du, wer da gerade umzieht?"

„Nein, keine Ahnung. Aber die beiden Männer scheinen auch nur eine Waschmaschine abzuholen. Sie quälen sich ganz schön ab zu zweit."

„Ob wir ihnen wohl helfen können?"

„Ach, sieh mal, das ist gar nicht mehr nötig. Da kommt der Hausmeister und hält ihnen das Tor auf. Jetzt können sie das schwere Ding gleich ins Auto laden."

Drei Stunden später trägt Matthias den Wäschekorb in den Keller, um schnell noch eine Maschine Wäsche anzusetzen. Fassungslos steht er im Waschkeller: Dort, wo ihre neue Waschmaschine stehen müsste, klafft eine Lücke. Die Waschmaschine ist weg! „Und wir haben noch ruhig zugeschaut! Wir wollten den Männern sogar beim Tragen helfen ... Wir waren ja völlig ahnungslos; eine Waschmaschine sieht schließlich aus wie die andere. Auch der Hausmeister hatte nicht den geringsten Verdacht, dass irgendetwas nicht stimmen könnte. Die Männer haben die Waschmaschine so offen und selbstverständlich weggetragen, dass niemand auf den Gedanken kam, dass sie auf Diebestour waren."

Eine völlig absurde – aber wahre – Geschichte. Fragen stellt man erst im Nachhinein: *Hätten uns die beiden fremden Männer nicht verdächtig vorkommen müssen? Hätten wir unsere eigene Waschmaschine nicht erkennen müssen? Hätte der Hausmeister nicht nachfragen müssen?*

Der Schaden, den das junge Ehepaar erlitten hat, ist zwar ärgerlich, aber eine Waschmaschine ist zu ersetzen.

Doch geht es uns Christen nicht auch oft genug ähnlich? Wie viele Christen lassen sich ganz unbemerkt ihre Ansichten stehlen, ihre Glaubensgrundsätze abspenstig machen?! Und dabei sieht alles ganz harmlos aus ... Fernsehsendungen, Zeitungsberichte, Internetmeldungen oder auch einfache Unterhaltungen in der Nachbarschaft wollen uns weismachen, was wir glauben sollen oder nicht glauben dürfen. *Christentum? Das ist in erster Linie*

*dafür da, anständig zu leben und niemandem etwas zu-
leide zu tun. - Was heißt schon Sünde? Die Psychologie
hat da ganz andere Lösungsstrategien. - Was ich glaube, das ist meine Privatsache, da darf sich keiner ein-
mischen. - Wer sich anmaßt, eine absolute Wahrheit zu
vertreten, der muss ein Sektierer sein.*

Wissen Sie noch ganz genau, was Sie glauben?
Oder lassen Sie sich Ihre biblischen Glaubensüber-
zeugungen einfach wegtragen und durch die neuen
Gebote der postmodernen Gesellschaft ersetzen?
Wie viele Werte werden einfach umgekehrt - da-
bei sehen sie auf den ersten Blick ganz ähnlich aus
wie die vertrauten biblischen Werte. Bemerken wir
Christen das überhaupt noch? Oder schauen wir
amüsiert und tatenlos zu, wenn die Pfeiler unseres
Glaubens Stück für Stück abgetragen werden?

„Ich bin mein eigener Herr" statt *„Ich bin der Herr,
dein Gott".*

„Du sollst dir von niemandem etwas sagen lassen!"
statt *„Du sollst nicht lügen, nicht stehlen, nicht ehebre-
chen!".*

„Du sollst dich selbst lieben!" statt *„Du sollst den
Herrn, deinen Gott, lieben!".*

„Der Mensch ist von Natur aus gut" statt *„Da ist keiner, der Gutes tut, auch nicht einer".*

Nur derjenige, der genau weiß, was er glaubt,
warum er glaubt, *wem* er glaubt, kann die subtilen

Angriffe auf das biblisch-christliche Weltverständnis erkennen und sich aktiv dagegen zur Wehr setzen. Mit dem Wort Gottes im Kopf und dem Geist Gottes im Herzen ist man als Christ gewappnet: Man kennt die eigenen Glaubensüberzeugungen ganz genau und lässt sie sich nicht ahnungslos wegnehmen.

Seit dieser Waschmaschinengeschichte ist es mir persönlich noch viel wichtiger geworden, meinen Glauben und die Grundlage meines Glaubens – die Erlösung durch Jesus Christus – genau zu kennen. Ich will mir meine Überzeugungen jedenfalls nicht – klammheimlich oder in aller Öffentlichkeit – klauen lassen!

Das Zebra

Eine traditionelle Geschichte aus Afrika erzählt, wie das Zebra entstanden ist:

Es war einmal ein schwarzer Esel, der war sehr unzufrieden. Er wollte nicht so aussehen wie alle anderen Esel in seiner Herde; er wollte lieber weiß sein. Der Affe erzählte ihm von einer Höhle, die alle Wünsche erfüllt. Man müsse nur hineingehen und seinen Wunsch laut in die Höhle rufen – und sofort werde der Wunsch Wirklichkeit. Begeistert rannte der schwarze Esel zur Höhle, stolzierte hinein und rief laut: „Ich will weiß sein!" Voller Freude trat er wieder ins Sonnenlicht hinaus. In der Tat, er war weiß geworden! Da hörte er über sich lautes Gelächter. Oben auf dem Felsen saß der Affe und lachte ihn aus: „Ein weißer Esel – wie albern das aussieht!"

Das gefiel dem Esel gar nicht; er wollte doch nicht ausgelacht werden! Sofort drehte er sich um und hastete in die Höhle zurück. „Ich will schwarz sein!", schrie er laut. Als er wieder herauskam, grinste der Affe spöttisch: „Wie langweilig, jetzt siehst du wieder aus wie jeder andere. Du bist also doch nichts Besonderes."

Der Esel ärgerte sich und eilte zurück in die Höhle. „Ich will weiß sein!", brüllte er und stürmte zurück nach draußen. „Als weißer Esel findest du bestimmt nie eine hübsche Eselin", bemerkte der Affe spitz. Der Esel stutzte, drehte sich unverzüglich um, lief wieder in die Höhle hinein und rief: „Ich will schwarz sein!" Sofort überlegte er es sich aber wieder anders. „Ich will weiß sein!"

Ob das nun die richtige Entscheidung war? Der Esel zögerte. „Ich will schwarz sein! Ich will weiß sein! Ich will ...!" Mit einem lauten Krachen begann die Höhle einzustürzen, so dass der Esel nur noch die Flucht ergreifen konnte. Er galoppierte ins Freie und draußen sah er die Bescherung: Er war und blieb ... schwarz-weiß gestreift!

Stellen Sie sich einmal vor, meine täglichen Entscheidungen würde ähnliche Spuren hinterlassen ... ich wäre wohl auch von oben bis unten gestreift. Zum Beispiel heute Morgen. Ein ganz gewöhnlicher Dienstag. Ich wache auf und fühle mich unendlich schwach. Die Beatmungsmaschine funktioniert zwar, aber es kommt mir so vor, als ob in der Lunge kaum Sauerstoff ankäme. Ich schwitze, doch ich kann die

Decke nicht abstreifen. Von draußen höre ich den Sommerregen an mein Fenster klopfen. In meinem Herzen scheint es auch zu regnen. Mein *Gott, mein Herr,* klage ich, *sieh mich doch an. Ist dieser Zustand wirklich das, was du willst?* Eine Gewissheit sickert wie eine hörbare Stimme Gottes in meine Gedanken: *Ja, mein geliebtes Kind, das ist dein Leben. Führe es zu meiner Ehre!*

Aber ich kann das nicht!, will ich schreien.

Meine Gnade ist alles, was du brauchst, denn meine Kraft kommt gerade in der Schwachheit zur vollen Auswirkung. Fürchte dich nicht, ich helfe dir.

Ich kenne diese Stimme. Ich vertraue meinem Herrn.

Vor ein paar Tagen noch bin ich mit einem Lied im Kopf aufgewacht: *Herr, mach aus mir ein Gefäß, wie du willst. Lass alle sehen, dass du mich erfüllst ...* Auch wenn mein Körper ziemlich unbrauchbar geworden ist, so ist doch meine Seele gesund! Vor 13 Jahren, nach der schockierenden Diagnose „ALS", habe ich mich entschlossen, diese Krankheit als Teil meines Lebens und als Auftrag Gottes für mich zu betrachten. Das war eine bewusste Entscheidung. Ich entscheide mich, Gott voll und ganz zu vertrauen. Ich entscheide mich, seine Hilfe in Anspruch zu nehmen und aus seiner Kraft heraus zu leben. Gottes Wort, die Bibel, spricht mir täglich neuen Mut zu.

Aber ein „Zebra" bin ich trotzdem oft genug! Die Gedanken und Gefühle wirbeln trotz dieser Entscheidung ab und zu in meinem Kopf herum wie im Schleudergang. Dann will ich meinen Entschluss zum Gottvertrauen am liebsten sofort wieder rückgängig machen. *Ich will schwarz sein.* Kurze Zeit später trifft mich ein Bibelvers mitten ins Herz: *Ich will weiß sein.* Bald darauf macht mir der Körper mit seinen vielen „Baustellen" wieder zu schaffen: *Ich will schwarz sein.* Ein Gespräch mit Glaubensgeschwistern, ein Lied, ein Gebet ... *Ich will weiß sein!*

Ob ich es wohl jemals schaffe, „weiß" zu bleiben? Mit der Gnade Gottes kann auch mein wechselhaftes Gottvertrauen wachsen.

Paulus, Apostel und Missionar, war wohl kein solches Zebra wie ich. Er ist mein großes Vorbild und zeigt mir, wie man als Nachfolger des Herrn Jesus Christus „in der Spur" bleiben kann. Er schreibt:

Daher will ich nun mit größter Freude und mehr als alles andere meine Schwachheiten rühmen, weil dann die Kraft von Christus in mir wohnt. Ja, ich kann es von ganzem Herzen akzeptieren, dass ich (...) mit Schwachheiten leben und (sie) ertragen muss. Denn gerade dann, wenn ich schwach bin, bin ich stark.
2. Korinther 13,9–10; NGÜ

Papageien in der Stadt

Der Anblick von Gottes Schöpfung begeistert mich jeden Tag aufs Neue! Vor allem im Sommer faszinieren mich die unfassbare Vielfalt der Farben in der Natur und die unglaubliche Fülle unterschiedlichster Lebewesen. Überall summen und brummen diverse Insekten, Dutzende von Vogelarten krächzen, zwitschern und flöten. Ich mache mir einen Spaß daraus, möglichst viele verschiedene Arten zu entdecken. Amsel, Kohlmeise, Buchfink, Elster, Zaunkönig, Rotkehlchen, Schwalbe, Eichelhäher, Buntspecht, Ringeltaube ... Wie wunderbar hat unser Schöpfer sie alle erschaffen, jedes in seinem Lebensraum, jedes nach seiner Art.

20 Meter von mir entfernt steht ein großer Ahornbaum, den viele Vögel als Landeplatz benutzen. Plötzlich werde ich stutzig: Ungewohnte Laute dringen aus dem Blätterdach und Lebewesen mit einer aparten Farbzusammenstellung huschen

durch die Zweige. Als ich genauer hinsehe, bemerke ich einen Schwarm von einem Dutzend ungefähr handgroßer knallgrüner Papageienvögel mit mehr als 20 Zentimeter langem Schwanzgefieder, rotem Schnabel und einem schmalen roten „Halsband". Ich kenne sie aus dem Tierpark: Es sind Halsbandsittiche, die ursprünglich in Afrika und Asien beheimatet waren. Mittlerweile gibt es diese frei lebenden Exoten in einigen europäischen Großstädten.

Die exotischen Papageien erregen hierzulande Aufsehen, denn sie passen nicht ganz ins Bild: Sie sehen anders aus als die einheimischen Vogelarten, ihre Lautäußerungen und ihre Lebensweise unterscheiden sich von den gewohnten hier beheimateten Arten – diese Exoten sind ungewöhnlich!

In mancher Hinsicht ähneln Menschen, die bewusst und offen als Christen leben, solchen exotischen Vögeln. In unserem modernen, aufgeklärten und scheinbar überaus toleranten Westeuropa wirken wir als Christen mit biblischer Überzeugung ebenso fremdartig wie Papageien. Denn was bedeutet „Toleranz" hierzulande in den letzten Jahren? Früher bezeichnete man mit dem Begriff „Toleranz" das Dulden anderer Überzeugungen als der eigenen, das Stehenlassen fremder Anschauungen. Dieser Toleranzbegriff zeigt sich letztlich auch in der biblischen Forderung, selbst seine Feinde zu lieben. Mit dieser Art von Toleranz ist ein friedliches Zusammenleben unterschiedlichster Menschen und Meinungen möglich: Jeder kann frei seine Meinung äußern, und niemand wird gezwungen, eine abweichende Auffassung aufzugeben. Gesprächsbereitschaft und Meinungsvielfalt beleben eine Gesellschaft.

Doch seit einiger Zeit konkurriert ein anderes System mit diesem Toleranzbegriff: die sogenannte Politische Korrektheit. Dieser neue „Tyrann" schreibt im Namen einer scheinbar absoluten Toleranz vor, was man sagen, ja, sogar, was man denken darf. Ist es Zufall, dass die Grundlagen des biblischen Weltbildes massiv unter Beschuss genommen werden? Gerade die ersten Seiten der Bibel werden besonders heftig bekämpft: „Im Anfang schuf Gott Himmel und Erde"? Schon lange behauptet die Evolutionstheorie, dass eine zufällige und ziellose „Entwicklung" die kompliziertesten Organismen hervorgebracht habe. „Als Mann und Frau schuf er sie"? Seit ein paar Jahren gilt es in vielen Medien fast als anstößig, in den „althergebrachten Kategorien" der Geschlechter auch nur zu denken. „Herrscht über alles Lebendige"? Kürzlich wurde wieder einmal die Diskussion über „Menschenrechte auch für Menschenaffen" angefacht.

Als Christen können wir biblische Überzeugungen notfalls auch gegen eine blinde politische Korrektheit vertreten, denn wenn wir auf dem Fundament des Wortes Gottes stehen, ist dies mit Gewissheit der sicherste Standpunkt der Welt. Leicht ist es allerdings nicht, denn als bunter Papagei fällt man auf und gerät schnell selbst in die Schusslinie. Überaus dankbar bin ich dafür, bei meinem Herrn und Gott einen sicheren Ort zu finden: „Ich sage zum HERRN: Meine Zuflucht und meine Burg, mein Gott, ich vertraue auf ihn!" (Psalm 91,2)

Übrigens: Wer dem Zeitgeist trotzt und ernsthaft nach Gott fragt, kann bei den „exotischen" Christen Antworten vom Schöpfer selbst finden.

Die Traumreise

Es gibt sie noch, die gute alte Ansichtskarte. Im Sommer flattern immer mal wieder Urlaubsgrüße per Postkarte ins Haus. Ostsee oder Bayerischer Wald, Irland oder Korsika, Thailand oder Peru – heiter, bunt und sonnig sind die Bilder. Bei jeder Karte, bei allen Urlaubsfotos, die ich zu sehen bekomme, überfällt mich die Abenteuerlust. Mal wieder etwas anderes sehen, das wäre wundervoll ...

Schon stecke ich wieder mitten in den Kämpfen mit der Realität. Vor drei Jahren bin ich das letzte Mal verreist, und seitdem weiß ich, dass ich einfach nicht mehr transportfähig bin, das heißt, dass ich selbst bei kleinen Strecken unverhältnismäßig große „Transportschäden" davontrage. Deshalb muss ich immer sehr genau abwägen, wenn ich irgendwohin fahren möchte: Lohnt sich das wirklich?

Ich könnte nun einerseits in Trauer versinken über das, was für mich unwiederbringlich verloren ist. Andererseits könnte ich auch Neid empfinden gegenüber all jenen Leuten, die ungehindert verreisen können. Doch hier stellt sich die gleiche Frage: Lohnt sich das wirklich? Nein, ich will meine Gefühle weder von Neid noch von Trauer bestimmen lassen! Ich mache mir lieber Gedanken um die große Reise zum Himmel, die mir noch bevorsteht – wann auch immer der allmächtige Gott den Reisetermin festsetzt. Das ist die „Traumreise", auf die ich mich freuen kann. Der Himmel ist wahrlich das beste Ziel, das man sich vorstellen kann. Genau genommen handelt es sich nicht um eine Reise, sondern um eine dauerhafte Auswanderung in die neue, absolut perfekte Heimat.

Vielen Leuten ist es unheimlich, wenn ich auf diese Weise von meinem Tod auf dieser Erde spreche. Ich selbst finde das eigentlich völlig normal. Vielleicht liegt das daran, dass ich schon hier ein „Bürger zweier Welten" bin: Ich habe zwar eine begrenzte Aufenthaltserlaubnis auf dieser Erde, aber eigentlich habe ich mein Bürgerrecht im Himmel, wie Philipper 3,20–21 es ausdrückt. Meine tatsächliche himmlische Heimat werde ich also unweigerlich früher oder später entdecken. In Hebräer 13,14 heißt es: „Wir haben hier keine bleibende Stadt, sondern die zukünftige suchen wir." In diesem Vers spiegelt sich genau mein Empfinden wider. Natürlich haben auch Christen ihren ganz normalen Alltagstrott auf dieser Erde. Trotzdem: Diese Welt ist eigentlich nicht unsere Heimat; sie ist vielmehr für Christen so etwas wie ein Trainingslager. Wir gehören im Grunde genommen nicht hierhin. Dennoch möchten auch Christen manchmal allzu gern ihr Leben im ganz und gar irdischen Diesseits konservieren. Ich finde, die Bibel bringt uns auf ganz neue, futuristische Gedanken. Ich bin auf dem Weg aus der Heimatlosigkeit dieser Erde in eine herrliche, ewige Zukunft. Die zukünftige Stadt, in der ich als Kind Gottes Bürgerrecht genießen darf, ist das Ziel meines Lebens. Das ist eine Städtereise der ganz anderen Art, nicht wahr?

An vielen Stellen macht uns Gottes Wort darauf aufmerksam: Da kommt noch etwas auf uns zu. In dieser Welt sind wir wie Fremde, Asylanten ohne dauerhafte Aufenthaltsgenehmigung. Selbst wenn es zahlreiche wunderschöne Flecken auf der Erde gibt, die man auf Reisen bestaunen kann: Unsere wirkliche Heimat ist in der ewigen Herrlichkeit! Das ist sozusagen wie Meeresstrand und Alpen zusammen mit der geballten Schönheit zahlreicher Naturphänomene.

Aber da ist noch etwas: Der Bibelvers fordert mich auf, die zukünftige Stadt zu *suchen*. Suchen verstehe ich sozusagen als aktives Warten. Die

Sehnsucht nach der herrlichen Zukunft lässt mich aktiv werden. Ein Ausdruck dieser Sehnsucht ist es zum Beispiel, in der Bibel nach prophetischen Bildern, nach Informationen und Hinweisen zu suchen, wie es in dieser zukünftigen Stadt Gottes für uns, seine Kinder, wohl sein wird. Diese Art von „Suche" steigert in jedem Fall die Vorfreude. Doch noch ein anderer Aspekt schwingt in dem Vers mit: Schon jetzt und hier, mit meinem Leben in diesem „irdischen Trainingslager", kann ich mich aktiv auf das zukünftige Leben vorbereiten. Meine Reiseprospekte und Landkarten und Insiderinformationen zum Leben in der Ewigkeit in der Gegenwart Gottes finde ich überall in der Bibel verstreut. Gottes Wort macht beispielsweise sehr viele Aussagen zu den Wesensmerkmalen, die er bei mir sehen möchte und die ich mit seiner Hilfe entwickeln kann, kurz gesagt: zu meiner Heiligung. Auch das aktive Bemühen um Heiligung gehört für mich zur Vorbereitung auf die himmlische Herrlichkeit.

Übrigens: Ich bin ja nicht allein in dieser Situation, dass mir mein Tod bevorsteht – das geht jedem Menschen so, früher oder später. Die aktive Reisevorbereitung auf das „Danach" ist also unabdingbar, nicht wahr? Haben Sie schon damit angefangen?

Wie Hund und Katze

Als ich ein kleines Mädchen war, wollte ich unbedingt Tierärztin werden. Ich liebte alle Tiere (mit Ausnahme von gewissen Krabbeltieren mit mehr als vier Beinen ...) und hätte am liebsten jede Kuh auf der Weide gestreichelt. Als ich älter wurde, musste ich langsam Abstand nehmen von diesem Berufswunsch – meine Fähigkeiten auf naturwissenschaftlichem Gebiet reichten einfach nicht aus. Aber die Liebe zu Tieren ist erhalten geblieben, und so hatte ich immer gerne einige Haustiere. Vor allem fasziniert mich das Verhalten der verschiedenen Geschöpfe Gottes – und oft genug halten sie uns Menschen einen Spiegel vor.

Als unsere Kinder noch klein waren, hatten wir unter anderem einen Hund und eine Katze. Eines Morgens klingelte es an der Tür, als ich gerade den Frühstückstisch abräumen wollte. Rasch drückte ich den Deckel auf die Wurstdose und verließ die

Küche. *Die Gelegenheit ist günstig,* schien mein Kater Puma zu denken. Er hatte ganz still und leise – und scheinbar im Tiefschlaf – auf dem Küchenstuhl gelegen. Nun sprang er geschmeidig auf den Tisch. Seine Nase zeigte ihm den Weg ... doch leider war die Wurstdose widerspenstig und gab ihren köstlichen Inhalt nicht her. Mit Pfoten und Nase schubste der graue Kater die Plastikdose bis zur Tischkante, wo sie der Schwerkraft folgte und mit einem Schwung auf die Fliesen knallte. Wunschgemäß sprang dabei der Deckel auf – der Weg zur Wurst war frei! Das bemerkte allerdings auch meine große Mischlingshündin Kati, die wie gewöhnlich unter dem Küchentisch lag. Sie musste sich nicht einmal die Mühe machen aufzustehen. Sie streckte den Hals und verzehrte den unverhofften Leckerbissen, der geradewegs vor ihrer Nase gelandet war, genüsslich. Und der arme Kater hatte das Nachsehen ... Als ich wieder in die Küche kam, verkrümelte sich Puma möglichst unauffällig und Kati schien ein schuldbewusstes Gesicht zu ziehen.

Meine beiden Karnivoren wussten aus Erfahrung, dass ihr Verhalten bei mir eine Reaktion hervorrufen würde – und vermutlich für sie keine positive! Mit dieser Einschätzung hatten sie auch völlig recht. Aber sind sich Tiere wirklich einer „Schuld" bewusst? Haben Tiere eine Vorstellung von Moral? Können sie in den Kategorien „Gut und Böse", „richtig und falsch" denken? Tiere wie Hund und Katze haben offensichtlich sehr wohl ein Verständnis dafür, dass ein bestimmtes Verhalten gewisse Konsequenzen nach sich zieht – das ist die Grundlage aller Dressur beziehungsweise Erziehung von Tieren. Für meine Katze war es nicht moralisch verwerflich, die Wurst zu klauen, und für meinen Hund war es nicht moralisch falsch, der Katze den Leckerbissen vor der Nase wegzuschnappen; nur die lauten Worte von mir waren beiden unangenehm. Ihre Maxime lautete schlicht: *„Du darfst alles – du darfst dich nur nicht erwischen lassen!"*

Aber ein Tier hat nicht das Vermögen, zu beurteilen, ob ein Verhalten als solches *moralisch* richtig ist oder nicht. Diese Fähigkeit hat Gott, der allmächtige Schöpfer, allein den Menschen verliehen. Nur ein Mensch ist prinzipiell dazu in der Lage, Gut und Böse zu unterscheiden. Die Frage ist allerdings: Tue ich das immer? Oder lasse ich mich nicht viel lieber von einem „Bauchgefühl" leiten? *Wenn ich ein gutes Gefühl dabei habe, dann kann mein Verhalten doch nicht falsch sein, oder?*

Ich persönlich habe schon mehr als einmal die Erfahrung gemacht, dass man sich mit einer solchen Einstellung beträchtlich „verfühlen" kann. Sinnvoller ist es, sich an einem klaren Maßstab zu orientieren: an der Bibel. „Es ist dir gesagt, Mensch, was gut ist und was der HERR von dir fordert, nämlich Gottes Wort halten und Liebe üben und demütig sein vor deinem Gott", steht bei Micha 6,8 (Lut). Das ist die erste grobe Richtschnur, und dazu gibt es noch etliche Anwendungsbeispiele. Eine Kostprobe gefällig?

Geschwister, ihr seid von Gott erwählt, ihr gehört zu seinem heiligen Volk, ihr seid von Gott geliebt. Darum kleidet euch nun in tiefes Mitgefühl, in Freundlichkeit, Bescheidenheit, Rücksichtnahme und Geduld. Geht nachsichtig miteinander um und vergebt einander, wenn einer dem anderen etwas vorzuwerfen hat. Genauso, wie der Herr euch vergeben hat, sollt auch ihr einander vergeben. Vor allem aber bekleidet euch mit der Liebe; sie ist das Band, das euch zu einer vollkommenen Einheit zusammenschließt.
Kolosser 3,12–14; NGÜ

Wer in der Bibel liest, stolpert immer wieder über solche Vorgaben. Wie oft fordert mich Gottes Wort heraus, meine eigenen Maßstäbe – mein Bauchgefühl – an den Vorstellungen des Schöpfers auszurichten! Wir müssen uns als Christen nicht „wie Hund und Katze" benehmen; Gott hat uns mit dem Privileg des freien Willens und mit der Fähigkeit ausgestattet, uns für das Gute und Richtige zu entscheiden.

Nun ... worauf warten wir dann noch?

Rote Locken

U nsere Kinder liebten die sogenannten Missionsgeschichten. Man hörte von mutigen Männern und Frauen, die – aus Liebe zu Gott und zu den verlorenen Menschen – in ferne Länder reisten und unglaubliche Abenteuer erlebten. Ob in Afrika, China, Südamerika oder gar in der Arktis: Überall wirkte Gott und bestätigte die hingebungsvolle Arbeit der Missionare. Eine spezielle Episode war den Kindern besonders ans Herz gewachsen: die berühmte Geschichte von Amy Carmichael und ihren braunen Augen.

Amy Carmichael wurde 1867 in Irland geboren und wirkte in der ersten Hälfte des 20. Jahrhunderts in Indien, wo sie unter anderem eine Hilfsorganisation für Kinder gründete. Im Gegensatz zu der noch herrschenden Auffassung des Kolonialismus war es für Amy Carmichael eine Selbstverständlichkeit, sich den örtlichen Sitten und Gebräuchen nicht zuletzt auch im Kleidungsstil anzupassen. Auf diese Weise stach sie als Ausländerin nicht sofort hervor, sondern erreichte eine größere Akzeptanz bei der einheimischen Bevölkerung. Aber was hat das mit ihrer Augenfarbe zu tun?

Es wird erzählt, dass sie als kleines Mädchen liebend gern blaue Augen gehabt hätte. Als Kind gläubiger Eltern wusste sie, dass Gott Gebete erhört; so betete sie, Gott möge ihre braunen Augen blau machen. Zunächst war sie sehr enttäuscht, dass Gott ihr Gebet offenbar nicht erhören wollte. Doch Jahrzehnte später, während ihrer Arbeit in Indien, wurde ihr bewusst, dass gerade ihre dunklen Augen sich als sehr vorteilhaft erwiesen, denn dadurch ähnelte sie den Inderinnen mehr noch als allein durch die Kleidung und sie fand einen leichteren Zugang zu den Menschen, die sie mit der Liebe Gottes erreichen wollte. Wie gut, dass ihr sehnlichster kindlicher Wunsch nicht erfüllt wurde. Gott hatte schon für alles vorgesorgt.

Vor allem morgens muss ich in letzter Zeit häufig an Amy Carmichael denken ... Zwar habe ich als Kind nicht ausdrücklich dafür gebetet, aber ich habe mir immer dichte und lockige rote Haare gewünscht – so wie meine Klassenkameradin Eva sie hatte. Stattdessen hat Gott mich mit dünnen und absolut glatten „Schnittlauchlocken" in undefinierbarem blond-braun ausgestattet. Ich konnte diese Tatsache nur bedauernd hinnehmen ... bis mir kürzlich auffiel, dass mein Herr und Gott wohl auch für mich schon von langer Hand vorgesorgt hatte! Mit meinen ungeliebten dünnen glatten Haaren weiß ich jeden Morgen beim Kämmen: Gott hat selbstverständlich alles genau richtig für mich geplant, denn wenn man gelähmt ist und sich nicht mehr selbst kämmen kann, kann das Entwirren von Haaren sehr unangenehm werden – vor allem bei dichtem, lockigem Haar!

Diese Überlegung macht mich dankbar für die Fürsorge Gottes: In jedem noch so winzigen Detail entdecke ich seine Liebe und sein planvolles Handeln. Das betrifft natürlich nicht nur meine körperliche Konstitution, sondern beispielsweise auch meine Wohnsituation. Als wir vor vielen Jahren mit einer Schar kleiner Kinder eine neue Bleibe suchten, liebäugelten wir mit einigen Immobilien, die uns gut gefielen: ein verwinkelter Altbau oder ein ehemaliges Bauernhaus ... Damals bedauerten wir sehr, dass die Angebote für uns entweder unbezahlbar oder zu klein waren. Wir mussten mit einer günstigen und praktischen Lösung vorlieb nehmen. Heute weiß ich, dass dieses Domizil von allen damaligen Möglichkeiten das einzige ist, das für ein Leben im Rollstuhl geeignet ist. Gott hatte diese Option natürlich auch damals schon im Blick.

Selbst wenn ich natürlicherweise nicht hellauf begeistert bin von Gottes Entschluss, mich frühzeitig „aus dem Verkehr zu ziehen" und mir das Ertragen einer schweren Krankheit zuzutrauen, so entdecke ich doch, wie viele Einzelheiten der allmächtige Gott in meinem Leben schon vorbereitet hat, damit ich mit seiner Hilfe ans Ziel kommen kann. Unser fürsorglicher Herr bereitet Lebensumstände vor, damit wir darin und damit leben und uns so entfalten können, wie er es in seiner allwissenden Weisheit schon gesehen hat, bevor er jedes einzelne seiner Kinder ins Dasein rief. Sollte das etwa Zufall sein? *Zufall ist das, was mir von Gott zufällt,* habe ich vor Kurzem irgendwo gelesen. Ja, Gott hat Vorbereitungen getroffen für mein Leben und auch für Ihr Leben, damit wir als Christen ein Leben zu seiner Ehre führen können.

„Denn was wir sind, ist Gottes Werk; er hat uns durch Jesus Christus dazu geschaffen, das zu tun, was gut und richtig ist. Gott hat alles, was wir tun sollen, vorbereitet; an uns ist es nun, das Vorbereitete auszuführen" (Epheser 2,10; NGÜ).

Übrigens meine ich auch ein kleines Augenzwinkern Gottes in meinem Leben zu sehen: Drei meiner Kinder sind rothaarig ...!

Jemand anders

*Die Nachricht vom Tod unseres Bruders **Jemand Anders**, eines der wertvollsten Mitglieder unserer Gemeinde, hat uns alle erschüttert. Er hinterlässt eine Lücke, die sich nur schwer füllen lassen wird.*

*__Jemand Anders__ hat unserer Gemeinde seit vielen Jahren angehört, und er hat weit mehr geleistet, als man normalerweise von einem Menschen erwarten kann. Wenn etwas erledigt werden musste, wenn Hilfe nötig war oder man einen Zuhörer brauchte ... wie oft hieß es dann einstimmig: Das kann **Jemand Anders** machen. Wann auch immer Freiwillige gesucht wurden, war es ganz selbstverständlich, dass er sich zur Verfügung stellte.*

*__Jemand Anders__ war ein wunderbarer Mensch, manchmal fast ein Übermensch. Aber ein Einzelner kann nicht alles tun. Um die Wahrheit zu sagen: Man erwartete zu viel von **Jemand Anders**.*

Quelle unbekannt

Dieser etwas ungewöhnliche „Nachruf" hing vor einigen Jahren am Schwarzen Brett unserer Gemeinde. Vielleicht haben Sie den Text gerade mit einem amüsierten Schmunzeln gelesen. Die feine Ironie will erheitern – doch durchaus auch zum Nachdenken bringen.

Den meisten Christen geht es irgendwann im Laufe ihres Lebens so – man hat sich bequem eingerichtet, man hat Tausende mehr oder weniger gute Entschuldigungen, weshalb man irgendetwas gerade jetzt *nicht* tun kann. *„Ich bin zu jung."* – *„Ich bin zu alt."* Oder: *„Ich habe zu viel zu tun."* – *„Ich kann doch gar nichts mehr tun."* Oder: *„Es geht ja nie so, wie ich mir das vorstelle."* – *„Ich habe überhaupt keine Begabungen."* Im Klartext heißt das: *„Nein, bloß nicht ich, das kann jemand anders machen ... ich will lieber nicht aus meiner Komfortzone herauskommen!"*

Richtig ist das natürlich nicht. Jeder Christ, ausnahmslos jeder, kann dazu beitragen, das Leben auf dieser Erde durch sein eigenes Verhalten ein klein wenig „himmlischer" zu gestalten. Nur eines kann ich definitiv nicht: Ich kann meine Erlösung nicht verdienen. Aber jeder Christ kann (und soll!) aus Dankbarkeit Gott, dem Herrn, dienen. Paulus beschreibt im Römerbrief, wie unser „vernünftiger Gottesdienst" (Lutherübersetzung) aussehen sollte:

Ich habe euch vor Augen geführt, Geschwister, wie groß
Gottes Erbarmen ist. Die einzige angemessene Antwort
darauf ist die, dass ihr euch mit eurem ganzen Leben Gott
zur Verfügung stellt und euch ihm als ein lebendiges und
heiliges Opfer darbringt, an dem er Freude hat. Das ist
der wahre Gottesdienst, und dazu fordere ich euch auf.
Römer 12,1; NGÜ

Wie stellt man sich denn mit seinem ganzen Leben
Gott zur Verfügung? Paulus macht im Römerbrief
zahlreiche praktische Vorschläge: Kurz gesagt, kann
jeder Christ mit seiner persönlichen Begabung allen anderen dienen; auf diese Weise dient man Gott
selbst. Das reicht vom Predigtdienst über Seelsorge
bis hin zum Kinder-Betreuen und Kaffee-Kochen –
tausenderlei Aufgaben warten darauf, erledigt zu
werden. Feste organisieren, Gäste einladen, Trost
und Hilfe und ein offenes Ohr anbieten, Geld und
Zeit investieren für andere Menschen: Das ist Nächs-
tenliebe in Aktion, und niemand kann behaupten, er
könne nicht das Geringste davon leisten.

Das klingt so einfach. Doch fatalerweise ist es
noch einfacher, die Augen zu schließen. Meine
Katze macht es mir vor: Sie hat jede Menge Möglichkeiten, sich draußen zu tummeln. Sie muss nur
von ihrem kuscheligen Platz auf dem Sofa herun-
terspringen und durch die offene Tür schlüpfen,

um in den Garten zu gelangen. Von dort aus geht es gefahrlos in mäusereiches Gestrüpp, auf Wiesen und Felder, ein umfangreiches Revier. Aber meine Katze bleibt lieber auf dem Sofa liegen ...

Wo sind meine ungenutzten Möglichkeiten? Als Gott mich durch die Krankheit ALS aus dem aktiven Leben entfernte, stand diese Frage massiv vor mir. Alle meine gewohnten Tätigkeiten musste ich mit der Zeit aufgeben. Doch ich wollte weiterhin mein Leben für Gott leben – und mich nicht nur bedienen lassen. Ich machte mich auf die Suche nach neuen Betätigungsfeldern, um Gott weiter dienen zu können. Das Gebet bekam einen völlig neuen Stellenwert für mich. Briefe, E-Mails und andere Möglichkeiten der schriftlichen Kommunikation (per Computer) eröffneten taufrische Wege, um den Menschen weiterhin nahe sein zu können. Vieles, was vorher für mich selbstverständlich war, muss nun tatsächlich „Jemand Anders" erledigen ... aber nicht alles muss jemand anders tun. Sogar im Rollstuhl und mit künstlicher Beatmung kann man Gott dienen.

Wo sind Ihre ungenutzten Möglichkeiten? Sind Sie motiviert, in die Fußstapfen unseres „geliebten Bruders Jemand Anders" zu treten? Sehen Sie sich um; Gott hat für jeden eine Aufgabe!

Kontaktaufnahme

Die kleine Lotta ist drei Jahre alt. Mein ungewöhnlicher Anblick ist ihr nicht fremd, denn sie kennt mich seit ihrer Geburt. Ganz selbstverständlich sitzt sie am Küchentisch, isst einen Apfel und erzählt mir vom Kindergarten. Mein Atemgerät zischt, und deshalb verstehe ich Lottas Kindersprache aus zwei Metern Entfernung nicht besonders gut. Das Sprechen ist für mich krankheitsbedingt mittlerweile ziemlich schwierig geworden, Lotta kann auch mich nicht verstehen. Sie mustert mich aufmerksam. Dann streichelt sie mit ihrer kleinen Hand über meinen Arm und hüpft davon.

Traurig bleibe ich zurück. Wie gerne würde ich Lotta einfach auf meinen Schoß setzen, ihr ein Bilderbuch vorlesen, mit ihr ein Lied singen und ihr einen Kuss geben. Wenn ich könnte, würde ich sie hochheben und in der Luft herumwirbeln oder sie beim Balancieren auf der Mauer an der Hand halten. Wir könnten einander lustige Wörter ins Ohr flüstern und darüber kichern. Wenn sie sich wehgetan hat, könnte ich sie in den Arm nehmen und trösten. Auf diese Weise wäre es ganz einfach, eine Beziehung zu Lotta aufzubauen und etwas miteinander zu erleben.

Lotta kennt mich nur aus der Ferne. Vermutlich wirke ich auf sie wie eine Königin auf einem gigantischen fahrbaren Thron, ganz unnahbar. Ich habe keine Verbindung zu dem kleinen Mädchen und seiner Welt. Ich kann es einfach nicht erreichen.

Eine Beziehung zu kleinen Kindern kann man nur mit Körperkontakt anbahnen; je jünger das Kind ist, desto inniger ist die Berührung: Ein Baby wird direkt am Körper getragen. Eine solche Art der Kontaktaufnahme ist für mich leider unmöglich geworden – auf dieser Ebene kann ich deshalb zu meinem großen Bedauern keinen Bezug zu Lottas Realität, keinen vertrauensvollen Kontakt herstellen. Denn dazu müsste ich ihr nahe kommen und auf Augenhöhe mit ihr sein können.

Ist es nicht frappierend? Gott hat das Problem der Kontaktaufnahme mit den Menschen auf ganz ähnliche Weise gelöst: Kein Mensch kann von sich aus einen Bezug zu Gott bekommen. Gott scheint so unendlich weit weg zu sein auf dem Thron seiner Macht, so unnahbar. Doch Gott geht auf

Augenhöhe: Er wird Mensch, er stellt sozusagen „Körperkontakt" her. Wie wunderbar ist das! Wir können es in der Bibel nachlesen.

In den ersten Versen seines Berichtes über Jesus Christus scheint der Evangelist Johannes gar nicht von einer Person zu sprechen. Er beginnt mit der Aussage: „Im Anfang war das Wort." Für den modernen Menschen ist ein Wort kaum greifbar. Rasch ausgesprochen, flüchtig gehört – und schon wieder im Strom der alltäglichen Geräusche verschwunden. Doch das Wort Gottes ist anders als jedes menschliche Wort. Es hat eine unfassbare Schöpferkraft: Gott sprach ... und es wurde! Im Schöpfungsbericht (1. Mose 1) können wir beobachten, wie Gott unbelebte und lebendige Materie erschafft – unzählige gigantische Galaxien ebenso wie winzige Zellstrukturen – und das alles allein durch sein allmächtiges Wort. Johannes erklärt zu Beginn seines Evangeliums, wie das vonstattengehen kann: „Im Anfang war das Wort, und das Wort war bei Gott, und das Wort war Gott." Es klingt zunächst befremdlich: Etwas so Abstraktes wie ein Wort soll Gott sein?! Wie ist das möglich? Einige Verse weiter wird das Geheimnis gelüftet: „Er, der das Wort ist, wurde ein Mensch von Fleisch und Blut und lebte unter uns. Wir sahen seine Herrlichkeit, eine Herrlichkeit voller Gnade und Wahrheit, wie nur er als der einzige Sohn sie besitzt, er, der vom Vater kommt" (Johannes 1,14; NGÜ).

Das also ist die wahre Identität des Wortes Gottes: Jesus Christus, der Sohn Gottes, war von Anfang an eine Person der Dreieinheit Gottes, doch in einer bestimmten historischen Zeit (vor etwas mehr als 2 000 Jahren) ist er an einem bestimmten geografischen Ort (in dem scheinbar unbedeutenden Mittelmeerland Israel) als Mensch zur Welt gekommen.

Genau dieses historische Ereignis von größter Tragweite für jeden einzelnen Menschen feiern Ende Dezember Christen auf der ganzen Welt: Gott wurde Mensch. Er kommt seinen geliebten Geschöpfen ganz nah. „In ihm war das Leben", schreibt Johannes. Damit ist nicht nur biologisches Leben gemeint; Leben ist mehr als Atmung, Kreislauf, Stoffwechsel. Jesus bietet vielmehr ein wertvolles, sinnerfülltes Leben an, ein Leben voller Licht und Freude.

Durch Jesus möchte Gott Kontakt aufnehmen zu jedem einzelnen Menschen. Er wartet mit ausgebreiteten Armen. Worauf warten *Sie* noch?

Ruhe bitte!

Seit geraumer Zeit ist es rund um den Globus üblich, das neue Jahr mit einem erheblichen Spektakel zu begrüßen. Die erste Nacht des Jahres ist überall bunt und vor allem laut. Silvesterknaller und Raketen zischen, heulen und knallen mit ohrenbetäubendem Getöse; Kirchenglocken läuten allerorten den Beginn des neuen Jahres ein.

Ursprünglich soll dieser Lärm auf vorchristliche Kulturen zurückgehen, die den Anfang einer neuen Zeitperiode vor dem Zugriff bösartiger Geister schützen wollten. Mit Geschrei, Geklapper und viel Radau versuchte man angeblich, Dämonen zu verjagen. Heutzutage wirkt dieser Gedanke auf die Bevölkerung im aufgeklärten Westen nur noch amüsant – doch der Spaß am Feuerwerk mit großem Spektakel und viel Krach ist geblieben.

Vielleicht ist der geräuschvolle Jahresbeginn symptomatisch für unser Leben geworden, denn auch ansonsten ist es ständig laut. Menschen reden, rufen und lachen; scheinbar überall dudelt ein Mobiltelefon, beim alltäglichen Einkauf wird man in den Geschäften mit Musik und Werbung beschallt ... Nicht wenige Leute haben zusätzlich noch stets ihre eigenen Klangwelten dabei. Überspitzt gesagt, entsteht in der Öffentlichkeit bisweilen der Eindruck, dass manche Zeitgenossen nur mit der Geräuschkulisse durch einen Stöpsel im Ohr „lebensfähig" sind ...

Offen gestanden: Ich mag es, wenn Menschen miteinander reden. Ich höre gerne Musik. Ein lautes und fröhliches Getümmel kann wunderschön sein, zum Beispiel bei einem Fest in der Gemeinde. Allerdings habe ich persönlich dabei zunehmend Probleme mit der Kommunikation. In einer geräuschvollen Umgebung ist eine Unterhaltung für mich schwierig, fast unmöglich geworden. Durch die künstliche Beatmung ist lautes Sprechen für mich extrem anstrengend und durch die Nebengeräusche meines Atemgeräts hindurch muss ich mich aufmerksam auf die Worte meines Gesprächspartners konzentrieren. In einer lauten Umgebung fällt mir das schwer; wenn es still ist, gestaltet sich eine persönliche Unterredung wesentlich einfacher.

Natürlich ist Lautstärke an sich weder gut noch schlecht. Laut oder leise – das ist einfach eine Frage der Situation.

Am Pfingstmontag saß ich gegen Abend auf der Terrasse. Es war still, selbst die Vögel rührten sich kaum noch. Von Westen her bemerkte ich eine dunkle Wolkenwand, die unaufhörlich näherrückte, begleitet von einzelnen Blitzen und entferntem Donnergrollen. Plötzlich hörte ich das Rauschen einzelner Windböen; die Bäume begannen sanft hin und her zu schwingen. Die schwarzen Wolken waren schon fast über mir und der Wind wehte immer heftiger; er wurde zu einem brüllenden Sturm, der Baumriesen von 30, 40 Metern Höhe schüttelte wie ein Bündel Strohhalme. Die Böen tobten mit elementarer Gewalt und entfalteten ein ohrenbetäubendes Getöse. Ich hatte mich mittlerweile ins Haus geflüchtet und beobachtete das Schauspiel fasziniert durch die Fensterscheibe.

Ich betrachte dieses „Naturphänomen" als winzige Machtdemonstration des allmächtigen Schöpfers. Die unkontrollierbare Wucht und die dröhnende Lautstärke von Orkan und Gewitter lassen die Kraft Gottes durchscheinen. In der Offenbarung beschreibt der Apostel Johannes die Stimme des Auferstandenen „wie das Rauschen vieler Wasser" (Offenbarung 1,15). Ja, Gottes Allmacht kann sich auch durch enorme Lautstärke manifestieren.

Ein persönliches Gespräch mit meinem Herrn ist auf diese Weise allerdings nicht möglich. Was für den Alltag gilt, habe ich auch in meiner Beziehung zu Gott beobachtet. Wenn ich mit Gott reden will, brauche ich Ruhe – sowohl innere als auch äußere Ruhe. Ich sehne mich danach, die Nebengeräusche der Welt auszublenden, denn die Worte meines Herrn höre ich nur in der Stille gut. Dann kann ich mich darauf konzentrieren, was er mir sagen will. Gott antwortet auf mein Gebet, denn Gott schweigt nicht, wenn ich ernsthaft seine Nähe suche – doch er bevorzugt für eine persönliche Unterredung meist leise Töne! Das hat auch der Prophet Elia erfahren (1. Könige 19,11–12): Sturm, Erdbeben und Feuer können zwar die Macht des Herrn zeigen, doch er begegnet seinem Propheten sanft, mit dem „Ton eines leisen Wehens".

Ich genieße die Ruhe und Stille des Gebets, abseits vom Lärm des Alltags, allein mit meinem Herrn und Gott. Welch ein Vorrecht ist es doch für Kinder Gottes, im Gespräch mit ihm völlig zur Ruhe zu kommen!

Warum Hühner nicht
fliegen können

L etzte Woche habe ich eine wunderbare Doku-
mentation über ein faszinierendes Phänomen
angeschaut: den Vogelflug. Atemberaubende Auf-
nahmen zeigten die Flugakrobatik verschiedener
Vogelarten und die ausgeklügelte „Technik", die
der Schöpfer den Vögeln für ihre Manöver zur
Verfügung stellt. Diese „Wunder der Natur" – die
in Wahrheit natürlich Wunder Gottes sind – haben die Menschheit bereits zu zahlreichen techni-
schen Entwicklungen inspiriert. Ob Hubschrauber,
Flugzeug oder Gleitschirm: die Ingenieurskunst
versucht unablässig, die Genialität Gottes zu ent-
schlüsseln und zu kopieren.

Gott hat jeder Vogelart eine ganz eigene Ma-
nier des Fliegens mitgegeben. Da gibt es unzählige
verschiedene Techniken für routinierte, akrobati-
sche, ausdauernde und unbeholfene Flieger. Allen

Vögeln ist dabei nur eines gemeinsam: Das Fliegen ist für sie die normale Art der Fortbewegung. Die Menschen haben erst im Laufe der letzten gut hundert Jahre herausgefunden, wie das Fliegen nach den Gesetzen der Physik und im Speziellen der Aerodynamik funktioniert.

Alle Vögel haben dazu einen bestimmten Körperbau: Das Skelett wird durch die hohlen Knochen in Leichtbauweise konstruiert, das Gefieder ist sehr leicht, aber überaus stabil, dabei flexibel und leistungsfähig. Bei den Vögeln erfolgt die Fortbewegung durch exakt koordinierten Flügelschlag. Ein Vogel erzeugt durch die komplexe Bewegung der Flügel jeweils genau dosierten Auftrieb und Vortrieb. In der Theorie klingt alles das unendlich kompliziert – doch glücklicherweise braucht kein einziger Vogel ein Physikstudium, um fliegen zu können. Ein Vogel schlägt einfach mit den Flügeln ... und hebt ab!

Nur bei unseren geliebten Eierlieferanten funktioniert das mit dem Fliegen nicht: Hühner sind von Natur aus bodenorientierte Laufvögel; sie sind nicht in der Lage zu fliegen, sondern flattern nur ein kurzes Stück: Zwei oder drei Meter können sie schaffen, doch dann holt die Schwerkraft sie wieder zum Boden zurück. Für Streckenflüge sind sie absolut nicht geeignet. Interessanterweise zeigen sie allerdings äußerlich kaum Unterschiede zu fliegenden Vögeln: Ebenso wie ihre virtuos durch die Luft gleitenden Verwandten haben sie hohle Knochen, Federn, Flügel – also eigentlich alles, was man zum Fliegen braucht.

Warum können Hühner dann nicht fliegen? Ich habe den Verdacht, dass Gott die Hühner als Gegenstandslektion für mich erschaffen hat ...

So wie die Hühner muss auch ich auf dem Boden (der Tatsachen) bleiben; als flugunfähige Vögel müssen sie mit ihren Begrenzungen leben, ganz so wie ich – und jeder Mensch auf die eine oder andere Weise. Den Hühnern scheint das nicht das Geringste auszumachen. Ob Hühner wohl jemals sehnsüchtig nach oben blicken? „Ich wollt, ich wär ein Huhn ...", heißt ein Juxlied aus den 1930er-Jahren, das ein sorgenfreies Leben besingt.

Ich bin nicht gerne ein Huhn. Meine körperli che Begrenzung durch Lähmungen und künstliche Beatmung, die dadurch bedingte erhebliche Einschränkung in meinem Aktionsradius geht mir gegen den Strich. Viel lieber würde ich fliegen ...

Meine persönlichen Begrenzungen sind unmittelbar für jeden sichtbar. Doch ich bin davon überzeugt, dass jeder Mensch mit seinen eigenen Einschränkungen – ob körperlicher oder anderer Art – leben muss. Es ist völlig normal und absolut nicht ungewöhnlich, dass zahlreiche äußere Zwänge das Leben bestimmen. Es gibt immer etwas, das mich am „Fliegen" hindert. Die Frage ist nur: Wie gehe ich damit um? Fühle ich mich eingeschränkt von Gott, fühle ich mich in meiner Freiheit beschnitten? Wie kann ich lernen, mit meinen eigenen Begrenzungen zu leben? Wie rede ich mit Gott über meine Begrenzungen?

Ich habe gute Erfahrungen damit gemacht, nicht beschämt zu schweigen, wenn es um meine Einschränkungen geht – auch nicht vor Gott! Oft werfe ich im Gebet meine Klagen, meine Trauer, meinen Frust vor Gottes Thron. Langsam lerne ich, dass Gott mir nicht sofort das Fliegen ermöglicht – sondern dass er mir hilft, meine Begrenzungen zu akzeptieren. Ich gebe zu: Das ist eine schwierige Lebensaufgabe ... doch ich will versuchen, die Hühner als Beispiel zu betrachten. Das nächste Frühstücksei wird mich daran erinnern, auf dem Boden zu bleiben.

Was bin ich wert?

Wie kann es sein, dass Gott mich liebt? Er kennt doch mein ganzes Leben: meine Taten, meine Worte, sogar meine Gedanken. Viele Menschen können nicht fassen, dass Gott sie trotzdem liebt. Welchen Wert habe ich denn schon?

Ein aktueller deutscher Kinofilm stellt diese Frage: Was bin ich wert? Erschreckende Aussagen kommen ans Tageslicht: Der „Materialwert" eines Menschen beträgt rund 1 500 €. Versicherungen und das Gesundheitssystem berechnen den „Wert eines Menschen" in harter Währung: Zahlt es sich aus, bei einem alten Menschen eine teure Behandlung oder Operation vorzunehmen – oder rechtfertigt die verbliebene Lebenserwartung die Kosten der Behandlung vielleicht doch nicht mehr? Verliert der Mensch an Wert, wenn er krank, behindert oder arbeitslos wird?

Sollte ich mich in meiner Lebenssituation nun wertlos fühlen? Zweifellos, ich bin eine (finanzielle) Belastung in unserem Gesellschaftssystem. Ich leide an einer unheilbaren und tödlichen Krankheit – und das schon gegen alle Erwartungen seit vielen Jahren. Jahr für Jahr, Monat für Monat gibt meine Krankenkasse erheblich mehr Geld für mich aus, als ich jemals eingezahlt habe. Aus medizinischer Perspektive besteht keinerlei Aussicht auf Besserung meines Gesundheitszustandes oder gar auf Heilung. Teure Hilfsmittel und aufwendige Pflege ... lohnt sich das eigentlich?

Ich denke, diese Frage ist falsch gestellt. Es ist ein fataler und verkehrter Ansatz, den Wert eines Menschen berechnen zu wollen.

Wert ist ganz allgemein immer eine Frage der Definition. Was ist wertvoll? Ein Klumpen Gold ... ein geschliffener Diamant ... eine Münze aus Edelmetall – all diese Dinge kann man mit Geldwert ausdrücken. Aber warum? Warum ist ein Stück Gold wertvoller als ein Stein? Natürlich, Gold ist viel seltener als Steine und außerdem sieht es viel ästhetischer aus, doch im Grunde hat man willkürlich irgendwann festgelegt, was einen hohen Wert hat und was nicht. Papiergeld oder sogar virtuelles Geld, das rein rechnerisch von einem Konto auf ein anderes verschoben werden kann, hätte in sich keinerlei Wert, wenn seine Kaufkraft nicht einfach definiert würde.

Jeder Mensch hat Dinge, die nur für ihn persönlich von Wert sind. Beispielsweise werden bei einem Einbruch einige Dinge gestohlen: Schmuck, Kreditkarten und Bargeld. Der Verlust ist bitter, doch der Geldwert wird von der Versicherung ersetzt. Viel schlimmer empfindet man es, wenn der Dieb persönliche Erinnerungsstücke entwendet oder zerstört: Die ersten Milchzähne meines Kindes oder eine alte Postkarte, die mein Urgroßvater persönlich geschrieben hat. Wertvoll sind diese Gegenstände nur für mich.

Gott gibt mir in der Heiligen Schrift wunderbare Zusagen, und er selbst, der allmächtige Gott, definiert meinen Wert: „Ja, mit ewiger Liebe habe ich dich geliebt; darum habe ich dir meine Güte bewahrt" (Jeremia 31,3). Gott begründet seine Entscheidung mit seiner göttlichen Liebe: „Weil du teuer bist in meinen Augen und wertvoll bist und ich dich lieb habe" (Jesaja 43,4). Wenn der Herr selbst jeden einzelnen Menschen auf dieser Welt erschaffen hat und unendlich liebt – selbst mich! –, dann hat niemand das Recht, den Wert eines Menschen willkürlich oder gar mit Geldwert festzulegen. Junge, gesunde und leistungsfähige Personen haben vor Gott nicht mehr Wert als alte, kranke und hilfsbedürftige Menschen. Allein die Wertschätzung Gottes entscheidet über Wert und Würde!

Es ist ein kaum fassbares Wunder der Gnade Gottes, dass er durch die Kraft seiner Liebe jedem einzelnen Menschen einen unvorstellbar hohen Wert beimisst. Doch die Bibel sagt es klar und deutlich: „Denn so hat Gott die Welt geliebt, dass er seinen eingeborenen Sohn gab, damit jeder, der an ihn glaubt, nicht verloren geht, sondern ewiges Leben hat" (Johannes 3,16).

Das Heil des Menschen – jedes einzelnen Sünders – ist es Gott wert, dass sein geliebter Sohn, unser Herr Jesus Christus, am Kreuz starb. Er liebt mich; nur deshalb habe ich trotz all meiner Fehler einen unschätzbaren Wert in seinen Augen. Er selbst legt meinen Wert fest.

Ganz gleich, was Menschen mir weismachen wollen: Wenn der allmächtige Schöpfer bestätigt, dass ich wertvoll bin für ihn, kann und darf ich dann noch denken oder gar behaupten, ich sei wertlos?

Gottes Gnadenkette

Bastian hat uns zu seiner Taufe eingeladen. Vor einer Weile hat dieser junge Mann sich bekehrt und durch die Taufe will er sich nun öffentlich zu Jesus Christus bekennen. Ich kenne Bastian eigentlich nicht besonders gut, trotzdem sind unsere Lebenswege in gewisser Weise miteinander verbunden. Allerdings haben wir nie intensiv über unseren Glauben geredet; wenn wir uns gelegentlich einmal trafen, sprachen wir hauptsächlich über belanglose Alltagsdinge.

Jetzt steht Bastian im Taufbecken in seiner Gemeinde. Er hat seinen Glauben bekannt und wird untergetaucht. Pitschnass und strahlend steigt er aus dem Wasser. Lebhafte Erinnerungen an meine eigene Taufe kommen zum Vorschein.

Fast 25 Jahre ist es nun her, dass ich gemeinsam mit meinem Mann in einem See stand. Unsere drei Kinder schauten (mitsamt unserem jungen Hund) fasziniert zu, wie Mama und Papa untergingen und sofort wieder auftauchten. Während wir noch im Wasser waren, kam ein Schwanenpaar majestätisch angeschwommen, um die seltsame Szene zu beobachten. Die Gemeinde stand am Ufer und sang „Lobe den Herrn, meine Seele".

Meine Taufe war ein Ereignis mit langer Vorgeschichte, in der die Bibel, ein paar andere Bücher und einige Menschen eine wichtige Rolle spielten. Unser Freund Erwin hatte dabei eine ganz besondere Aufgabe: Er war es, der als Erster meinem Mann in zahllosen langen Gesprächen in der Mensa von seinem Glauben an Jesus Christus erzählte. Mein Mann berichtete mir davon, und zu Hause redeten wir darüber. Es klang alles sehr einleuchtend ... aber wir waren skeptisch. *Ist das nicht viel zu einseitig?* Erwin war enttäuscht, doch er betete weiter für uns. Erst einige Jahre und viele Umwege später begriffen wir endlich die Gnade Gottes und das Geschenk der Erlösung durch Jesus Christus. Unser Freund und Bruder Erwin war ein entscheidendes Werkzeug, ein Glied in der Gnadenkette Gottes für uns gewesen.

Vermutlich kann jeder wiedergeborene Christ – so wie ich – einen bestimmten Menschen nennen: Er oder sie hat einen entscheidenden Anteil an meiner Bekehrung, er oder sie hat intensiv für mich gebetet. Diese Person ist sozusagen mein geistlicher Vater oder meine geistliche Mutter. Paulus, der Apostel und Missionar, war ebenfalls ein solcher Vater: Er bezeichnet zwei seiner Mitarbeiter, Timotheus und Titus, ausdrücklich als seine Kinder im Herrn beziehungsweise im Glauben (1. Timotheus 1,2; 1. Korinther 4,17; Titus 1,4). Timotheus und Titus wurden dann anschließend sicherlich selbst Glieder in der Gnadenkette Gottes für andere, die wiederum im Laufe der Zeit weitere Menschen zu Jesus Christus geführt haben – diese Gnadenkette ist bis heute ungebrochen.

Ein paar Jahre nach meiner Bekehrung und Taufe stand plötzlich Julia in meinem Leben. Wir nahmen sie als Pflegetochter in unsere Familie auf. Wir hatten als Eltern zwar die besten Absichten, aber wir machten dabei so ungefähr alles falsch, was man aus menschlicher Sicht falsch machen kann. Ich war einfach völlig überfordert mit einem 16-jährigen Temperamentbündel ... Der Gnade Gottes ist es zu verdanken, dass Julia trotzdem Jesus Christus kennenlernen durfte und sich bekehrt hat.

Eine ganze Weile später kamen glückliche Nachrichten von ihr: verliebt ... verlobt ... verheiratet! Wir freuten uns riesig mit Julia und Bastian. Die beste Nachricht von allen war natürlich: „.... übrigens: Bastian hat sich bekehrt." Die Bekanntschaft mit Julia hat den jungen Mann mit Jesus Christus konfrontiert und er hat sich auf den Glauben eingelassen. Die Gnade Gottes hat also noch weitere Kreise gezogen – und die Früchte davon durfte ich bei Bastians Taufe auf wunderbare Weise bewundern.

Eine lange und feste Gnadenkette hat unser Herr und Gott aus vielen verschiedenen Gliedern zusammengeschmiedet – jeder wiedergeborene Christ ist ganz bestimmt an irgendeiner Stelle ein Glied in dieser Kette. Ich freue mich, dass ich auch ein Teil der göttlichen Gnadenkette sein darf. Doch im Grunde ist das Bild der Kette unzureichend – vielmehr knüpft Gott ein weltumspannendes Netz der Gnade, denn die einzelnen Kettenglieder sind oft vielfach miteinander verbunden. Das ist ein *world wide web* der ganz anderen Art, nicht wahr?

Was bleibt?

Ein Interview, erschienen in der christlichen Zeitschrift *ethos*, September 2014. Die Fragen stellte Chefredakteurin Daniela Wagner.

Liebe Irmgard, du lebst nun schon viele Jahre mit ALS. Wie sieht dein Alltag zurzeit aus, wofür brauchst du Hilfe?

In dieser Frage steckt schon das erste Wunder Gottes: Ich lebe tatsächlich schon ungefähr 14 Jahre mit dieser üblicherweise rasch (innerhalb von 3 bis 4 Jahren) verlaufenden tödlichen Krankheit. Wenn ich es kurz auf einen Nenner bringe: Ich brauche – vordergründig gesprochen – menschliche und technische Hilfe in allen Bereichen, um überhaupt am Leben zu bleiben. Ich brauche maschinelle Hilfe bei der Atmung, menschliche und technische Assistenz bei jedem Lagewechsel, beim Waschen und Anziehen, beim Essen, Trinken und Ausscheiden ... Man stelle sich einfach ein neugeborenes Baby vor: Ähnlich hilflos bin ich in meinem Alltagsleben. Nur bin ich leider nicht mehr so handlich wie ein Säugling ...

Obwohl das Arbeiten mittels Sprachcomputer für dich immer beschwerlicher wird, bist du unermüdlich am Werk. Was gibt dir den Antrieb dazu? Woher nimmst du die Kraft? Ich bin gesund, habe aber nicht ansatzweise die Power, die du an den Tag legst.

Ich habe immer gerne gearbeitet – sowohl mit dem Kopf als auch mit den Händen. Die Hände sind nur noch „wie Handschuhe voller Sand" – wie ein anderer ALS-Betroffener es einmal ausdrückte –, aber der Kopf funktioniert ja noch. Und das zweite große Wunder Gottes in meiner Krankheit macht es möglich, dass ich tatsächlich noch arbeiten kann: Gott hat mir die Sprechfähigkeit erhalten; das ist eine große Ausnahme bei dieser Krankheit[4]. Da liegt es eigentlich nahe, dass ich im Rahmen

---

4   Einige Monate nach diesem Interview im Sommer 2014 ließen die Körperfunktionen Atmen und Sprechen langsam nach, und die Arbeit am Computer konnte nur noch mit einer sogenannten Kopfsteuerung erledigt werden.

meiner Möglichkeiten auch jetzt noch genau das tue, was ich immer tun wollte. Schon zu Beginn meines Studiums war es mein Ziel, freiberuflich zu arbeiten – als Übersetzerin und/oder Autorin –, um auch noch genügend Zeit für eine große Familie zu haben. Je älter und selbstständiger die Kinder wurden, desto mehr Möglichkeiten hatte ich. Im Grunde habe ich in meiner jetzigen Situation noch viel mehr Freiräume als ein gesunder Mensch: Ich kann und muss mich nicht um einen „Alltag" kümmern, Hausarbeit geht mich nichts mehr an ... ich kann meine gesamte verbliebene Energie in die Arbeit am Computer stecken. Ein bisschen Organisation und Selbstdisziplin gehören natürlich auch dazu: Ich habe mir angewöhnt, jeden Tag ungefähr zwischen 10:30 Uhr und 15:00 Uhr sowie meist noch einmal von 17:00 Uhr bis 19:00 Uhr zu arbeiten – soweit meine körperliche Verfassung es zulässt. Mein Antrieb dazu ist der Wunsch, weiterhin etwas Sinnvolles zu tun und meinem Herrn und Gott zu dienen. Und die Kraft? Da muss ich mich ganz auf 2. Korinther 12,9 verlassen. Gott sagt: „Meine Gnade ist alles, was du brauchst, denn meine Kraft kommt gerade in der Schwachheit zur vollen Auswirkung" (NGÜ).

*Daneben hast du noch unzählige andere Aufgaben.
Du hast mir erzählt, dass du diese nun in andere
Hände übergeben „musst". Geht das so kampflos?*

Durch meine Krankheitssituation hatte ich seit
etlichen Jahren schlichtweg mehr Zeit und Möglichkeiten als andere, Dienste und Aufgaben in der
Gemeinde Gottes im weitesten Sinne zu übernehmen. Ich habe keine Alltagsverpflichtungen (nur
„die Pflege" beansprucht leider viel Zeit) und kann
mich deshalb voll und ganz den Menschen und Dingen widmen, die Gott mir „vor die Füße legt". Das
sind zum Beispiel zwei Frauenhauskreise bei mir zu
Hause, zu denen ich regelmäßig die Bibelarbeiten
vorbereite; ich kümmere mich um den Gemeinde-
brief und die Homepage unserer Gemeinde sowie
die Organisation der Frauenarbeit und der Frauen-
frühstückstreffen. Außerdem habe ich regelmäßig
für mehrere christliche Verlage Übersetzungs-
arbeiten erledigt und Artikel geschrieben; ab und
zu wurde ich zu Vorträgen, Lesungen oder Inter-
views eingeladen. Alles das habe ich sehr gern und
mit ganzem Herzen getan – doch zum Teil muss ich
nun in der Vergangenheitsform davon berichten.
Ich stelle fest, dass ich schwächer werde, dass ich
allmählich einen Teil meiner Aufgaben abgeben
muss. Das fällt mir nicht leicht. Als ich neulich

einen Blumenstrauß als Abschiedsgeschenk für jahrelange Zusammenarbeit bekam, wurde ich schon ein wenig wehmütig. Doch ich bemerke mit Erstaunen, dass die großen inneren Kämpfe ausbleiben. Vielmehr kommt es mir so vor, als könnte ich nach und nach mein nicht mehr benötigtes Gepäck zurücklassen und mich frei von Verpflichtungen, die mich an dieses Leben binden wollen, immer intensiver auf das endgültige Ziel ausrichten. Meine Beiträge sind schließlich nicht entscheidend für den Lauf dieser Welt ... Wenn mein Herr und Gott mich gebrauchen will, bin ich gern ein Werkzeug in seiner Hand. Aber wenn er mich „in den Werkzeugkasten" zurücklegt, bin ich zufrieden mit der Ruhe, die er mir gibt.

Für viele Menschen in Nöten bist du Anlaufstelle. Du hast doch selbst genug zu tragen, reicht da die Kraft auch noch für andere? (Ihre Probleme - auch meine - müssen dir ja oft lächerlich vorkommen.)

Eines muss ich sofort klarstellen: Ich hatte noch nie eine Begabung zur Seelsorge. Ich fühle mich immer unsicher und überfordert, wenn ich mit der Not anderer Menschen konfrontiert werde. Ich kämpfe dann stets mit dem Gefühl, völlig unzulängliche

Antworten oder Ratschläge zu geben. Allerdings habe ich nur ganz selten den Eindruck, die Nöte meiner Mitmenschen seien geringer als meine eigenen Probleme. Ganz im Gegenteil: Ich finde, ich bin eher im Vorteil, denn ich habe nur körperliche Probleme, „Karosserieschäden" sozusagen. Ich erkenne trotzdem immer wieder, wie Gott mich in seinen liebenden Armen hält. Häufig stelle ich mir tatsächlich die Frage: Warum geht es mir so gut, wenn es anderen so schlecht geht? Ich meine das durchaus ernst; zwar ist meine Situation auch nicht immer einfach zu ertragen, aber im Vergleich mit so vielen anderen Menschen geht es mir einfach gut: Ich habe unendlich viel Hilfe und werde so liebevoll umsorgt, dass die körperlichen Probleme in den Hintergrund treten können. Ich habe ab und zu mit Menschen zu tun, die entsetzliches seelisches Leid erlebt haben und erleben. Keinem von ihnen sieht man diese Qualen an. Doch die seelischen Verletzungen rufen offenbar viel Leid hervor. Ich kann in meiner Situation sagen: Mein Körper ist krank, aber meine Seele ist gesund, ich fühle mich getragen und geliebt von Gott und den Menschen in meiner Umgebung – mir geht es gut! Viel schrecklicher scheint es zu sein, wenn zwar der Körper gesund, die Seele aber krank ist und leidet. Unter diesem Eindruck bete ich viel für Menschen mit „inneren Wunden", dass sie die Liebe Gottes entdecken und ganz real im täglichen Leben spüren.

Durch das Wort Gottes, Glaubensgeschwister, deine Familie ... wirst du immer wieder ermutigt und reich gesegnet. Dennoch wirst auch du Momente haben, in denen dich Mutlosigkeit, Trauer und Schmerz überfallen. Was tust du dagegen? Ist es nicht einfach nur normal, dass man diesem Erdenleben dann entfliehen oder aber den geliebten Ehemann nicht verlassen möchte?

Ja, das ist absolut normal, und es geht mir nicht selten so, dass ich am liebsten „alles hinschmeißen" möchte – meist abends oder am Wochenende, wenn ich sehe, welche enorme Bürde auf meinem Mann lastet. Dann habe ich genug vom Kranksein, von den Einschränkungen und von der Hilflosigkeit. Ich möchte aufstehen und einfach weggehen ... entweder in ein gesundes, völlig „normales" Leben mit meinem lieben Mann – dessen Leben durch meine Krankheit schließlich auch völlig aus den Fugen geraten ist – oder aber gleich geradewegs in den Himmel. Muss ich etwas gegen solche quälenden Gedanken tun? Ich mute mir durchaus zu, auch manchmal traurig zu sein und unter meiner Situation zu leiden. Kann ich etwas dagegen tun? Ich fürchte, ich kann es nicht – aber Gott kann es. Den Grundstein dafür – so lese ich es in Psalm 139 – hat er schon gelegt, als er mich als Embryo genau so ausgestattet hat, wie er mich haben wollte: Mit der Anlage für die Krankheit ALS, aber auch mit einer meist unerschütterlichen frohen und optimistischen Grundeinstellung. Diese „göttliche Ausstattung" bewirkt, dass ich selten länger als zwei oder drei Stunden in einem seelischen Tief feststecke; irgendetwas oder irgendwer zaubert mir dann doch wieder ein Lächeln ins Gesicht. Sehr hilfreich finde ich es, in diesen „dunklen Tälern" zu beten – das heißt, Gott zu danken. Es gibt so unendlich viele Dinge, für die ich meinem Herrn dankbar bin! Wenn ich mir alle diese kleinen Dankbarkeiten ins Gedächtnis rufe, dann bleibt eigentlich kein Platz mehr für „das bisschen Krankheit". Ich denke, es ist ganz hilfreich, sich selbst nicht so wichtig zu nehmen.

Reicht Gott immer? Wie erlebst du ihn? Kommen dir nie Zweifel, dass er dir nun definitiv zu viel auflädt?

Ich wundere mich eher darüber, was er mir zu tragen zutraut! Hätte mir jemand vor 15 Jahren gesagt, wie mein Leben heute aussieht, dann hätte ich mit voller Überzeugung gesagt: Das kann ich nicht ertragen. Psalm 68,20 lautet (in der Luther-Übersetzung): „Gelobt sei der Herr täglich. Gott legt uns eine Last auf, aber er hilft uns auch." Ganz genau das erlebe ich mit meinem Herrn und Gott im Alltag; das ist eines der großen Wunder Gottes in meinem Leben. Gott selbst ist es auch, der immer wieder den Blick von mir weg auf andere richtet; dadurch erhält meine persönliche Lebenssituation nicht den höchsten Stellenwert in meinen Gedanken. Wenn ich zum Beispiel die wöchentlichen Gebetsnachrichten von *open doors* lese und mir vor Augen halte, welche Qualen unsere Geschwister in der Verfolgung ertragen müssen, nur weil sie unerschrocken an Jesus festhalten – welche Bedeutung hat dann noch mein unbrauchbarer Körper? Ja, die unerschütterliche Gewissheit der Liebe Gottes, der Trost aus seinem Wort und die lebendige Hoffnung auf das ewige Leben ohne Sünde und Krankheit – das ist mehr als ausreichend. Diese Hoffnung aus 1. Petrus 1,3 soll mein Leben bis zum Schluss prägen. Und wenn dann Momente kommen, in denen ich nur noch schwach bin und stöhne und weine und „keine Lust mehr" habe auf Krankheit und Leid – dann schließe ich die Augen und lass mich einfach in seine Arme fallen.

*Was ist für dich am schwersten zu ertragen? Was
machst du, wenn die Angst vor einem qualvollen
Ende dich überfällt?*

Ich bin eigentlich ein sehr nüchterner Mensch,
Sorgen und Ängste liegen mir nicht. Daher bin ich
völlig zuversichtlich, dass Gott mich auch auf der
schwierigen letzten Wegstrecke trägt. Trotzdem
gibt es einige Szenarien, vor denen ich zurück-
schrecke: Ich fürchte mich zum Beispiel davor,
dass ich bei einem Autounfall eine Überforderung
für Sanitäter und Notärzte sein könnte ... oder ich
fürchte, dass ich mich beim Essen oder Trinken
heftig verschlucke und mein Mann oder meine
Pflegekraft hilflos zusehen müssen. Schon lange
bete ich dafür, dass Gott mir die Gnade eines ru-
higen Todes gewährt. Flapsig sage ich schon mal:
Am liebsten möchte ich morgens aufwachen und
tot sein ... Aber wie auch immer mein Eintritt
in die ewige Gegenwart meines Herrn aussehen
wird – ich lande schließlich bei ihm. Und wenn er
als mein guter Hirte mich all die Jahre auf seinen
starken Armen getragen hat, dann wird er es im
„Tal des Todesschattens" (siehe Psalm 23) wohl
erst recht tun, oder?

Die Auswahl ist für mich deutlich kleiner geworden ... zu gesunden Zeiten hatte ich zum Beispiel
viel Freude daran, auf Reisen fremde Menschen und
Kulturen kennenzulernen; ich mochte den Umgang
mit Tieren; Reiten, Fahrrad fahren, Schwimmen
machten mir Spaß – lauter Sachen, bei denen man
aktiv sein kann. Diese simplen Quellen der kleinen
Freude zwischendurch gibt es für mich nun natürlich nicht mehr – aber dafür sind inzwischen andere Dinge in den Vordergrund gerückt. Ich habe beispielsweise erheblich mehr Muße – mehr als früher
und mehr als andere –, die Natur zu beobachten.
Häufig sitze ich einfach irgendwo, am Fenster oder
auf der Terrasse, und bewundere die vielfältige
Schöpfung: den Wechsel der Jahreszeiten, den un-
fassbaren Artenreichtum von Pflanzen- und Tier-
welt, die Farben ... Die Freude an der Natur, die Gott
so wunderbar geschaffen hat, begleitet mich immer durch meinen Alltag und lässt oft ein Loblied
in meinen Kopf erwachen: „Lobe den Herrn, meine
Seele ...!" Eine weitere besondere Freude: Ich habe
das seltene Vorrecht, mich ausführlich und häufig
mit dem Wort Gottes beschäftigen zu können –
schließlich habe ich keine Alltagsverpflichtungen.
Dann geht es mir beim „Graben" in der Bibel nicht

selten so wie dem Psalmdichter, der schreibt: „Ich freue mich über dein Wort wie einer, der große Beute macht" (Psalm 119,162). Eine dritte, ganz besondere Freude für mich ist es außerdem, dass ich trotz Krankheit und Pflegebedürftigkeit mit meinem Mann zusammenleben kann. Gerade in dem Bewusstsein, dass unsere Zeit begrenzt ist, können wir an unserem derzeitigen gemeinsamen Leben intensiv Freude haben.

Mose, David, Jakob und viele andere Menschen der Bibel richteten am Schluss ihres Lebens an ihre Nachkommen noch „letzte" Worte – so eine Art Vermächtnis. Was möchtest du deinen Kindern aufs Herz legen? Was sollen sie nie vergessen?

Das ist mir alles viel zu hoch gegriffen ... ich fühle mich überfordert, wenn man weise Worte von mir erwartet. Spontan denke ich mit Abrahams Worten aus Lukas 16,29: „Sie haben Mose und die Propheten. Mögen sie die hören!" Für mich bedeutet das: Die Bibel ist die Richtschnur meines Lebens, und ich kann aus eigener Erfahrung jedermann nur empfehlen, diesen Maßstab ganz persönlich auf sein eigenes Leben anzuwenden. Eines der wichtigsten Worte aus der Bibel für mich ist die Aussage des Herrn Jesus Christus: „Du sollst den Herrn, deinen Gott, lieben aus deinem ganzen Herzen und mit deiner ganzen Seele und mit deiner ganzen Kraft und mit deinem ganzen Verstand und deinen Nächsten wie dich selbst" (Lukas 10,27). Das ist nicht ein bisschen an den lieben Gott glauben und ansonsten im Alltag sein eigenes Ding machen. Dieser Bibelvers ist außerordentlich herausfordernd; hier geht es um eine „Liebesbeziehung" zu Gott. Ohne eine lebendige Beziehung zu Gott durch Jesus Christus ist jedes menschliche Leben letztlich sinnlos. Ohne das ewige Leben als Gnadengeschenk durch Jesus Christus kann man das Leben nur in der relativ kurzen Zeitspanne zwischen Geburt und Tod „genießen". Mein Herr und Gott hat mir durch meine Krankheit unmissverständlich gezeigt, dass er selbst eine ganz andere Perspektive hat: die Ewigkeit. Wenn ich sterbe, dann bin ich nicht wirklich „tot", – dann fängt das wahre Leben erst an.

Was für Gedanken hast du, wenn du an den Himmel denkst?

Freude! Genauer gesagt: Vorfreude und Erleichterung. Ich habe eine große Vorfreude darauf, meinen wunderbaren Herrn und Erlöser endlich zu sehen und für immer bei ihm zu sein. Und in der Freude schwingt auch die Erleichterung darüber mit, den kranken und kaputten Körper einfach zurückzulassen. Als ich im letzten Jahr das Buch „Sterben auf Wunsch?" geschrieben habe, konnte ich mich in der Theorie sehr intensiv mit dem Vorgang des Sterbens befassen, und dabei ist ein Aspekt immer wieder ins Blickfeld gerückt: die Ewigkeit. Zwar finde ich es trotz mancher Beschreibungen in der Bibel äußerst schwer vorstellbar, wie das Leben in der ewigen Herrlichkeit bei Gott aussehen kann, doch ich mache es einfach wie ein Kind zu Weihnachten: Ich lasse mich überraschen. Früher dachte ich manchmal, wenn ich mit meinem Pferd über die Felder galoppierte: Wie wunderschön ist das! Aber mit Sicherheit ist es im Himmel noch zehntausendmal schöner. Und wenn dann manchmal Zweifel angekrochen kommen und hämisch spotten: Vielleicht haben die Atheisten doch recht und es gibt keinen Gott?! Nun, dann hätte ich ja nichts verloren ...

Du planst deine Beerdigung. Weshalb?

Dafür gibt es drei Gründe. Zum einen organisiere ich einfach sehr gerne. Eine Beerdigung ist ja eine

Gelegenheit, zu der einige Menschen zusammen-
kommen, und das funktioniert natürlich nicht
ohne ein gewisses Maß an Organisation. Zweitens:
Sehr vieles kann man schon im Vorfeld überden-
ken und planen. Es gibt so unendlich viele Fragen,
die normalerweise nach einem Todesfall auf die
Angehörigen zukommen. Welches Bestattungs-
institut, welcher Friedhof, welche Art von Sarg,
Blumenschmuck, Todesanzeige, Trauerfeier usw.
Die meisten Fragen kann man viel besser – ohne
Trauer, ohne Zeitdruck … – vorher beantworten.
Wenn ich diese zahlreichen Formalitäten größten-
teils in Ruhe selbst erledigen kann, ist das (hoffent-
lich) eine Entlastung für meine Angehörigen. Und
schließlich ist es mir wichtig, dass meine Beerdigung ein evangelistisches Fest wird. Deshalb suche
ich Lieder und Texte für die Beerdigungsfeier aus,
überlege schon einmal, wer in welchem Rahmen
welche Aufgaben übernehmen könnte … eigentlich
ein Jammer, dass ich nicht mehr dabei sein werde!
Aber ich werde mit Sicherheit nichts vermissen,
sondern vielleicht schon „auf der Himmelswiese
Handstand machen"! Übrigens schwirrt immer
noch der Gedanke in meinem Kopf herum, vielleicht eine „Abschiedsfeier, Teil 1" zu organisieren,
so wie ich es schon in meinem ersten Buch, „Dem
Himmel entgegen", geschrieben habe …

Du schaust dem Ende auf dieser Erde ins Auge, bist aber trotzdem nicht depressiv oder schwermütig. Die einen verdrängen den Tod, andere nehmen sich das Leben, weil sie es nicht mehr aushalten. Wie wird man nicht irre am „Hier-verhaftet-Sein"? Wie kann man sich auf den Himmel freuen, aber mit vollem Einsatz auf der Erde leben und dennoch nicht auf das Leben hier setzen?

Vielleicht liegt es daran, dass mir schon seit Beginn meiner Krankheit sehr bewusst ist: Ich bin auf dieser Erde nur „zwischengelandet". Jetzt, in dieser Lebenssituation, in diesem kranken Körper, gehöre ich zwar voll und ganz in diese vergängliche Welt, aber mein Ich, meine Persönlichkeit – meine Seele – gehört ebenso voll und ganz in eine vollkommene ewige Welt. Paulus gebraucht in diesem Zusammenhang das Bild vom Zelt (2. Korinther 5,1–4): Er sehnt sich danach, dass sein „Zelt" auf der Erde abgebrochen wird und er ein neues „Zelt" im Himmel bekommt. Ganz genauso geht es mir auch ... das Bild vom Zelt ist dabei allerdings für mich nicht so plastisch: Ich bevorzuge die Illustration durch Raupe und Schmetterling. Noch bin ich wie eine unförmige Raupe, die schwerfällig über Zweige und Blätter kriecht. Mein Lebensraum wird von der Schwerkraft bestimmt; meine Sinnesorgane